多様性《ダイバーシティ》とエンパワメント

競争から共生へ・つながるいのち

Morita Yuri
森田ゆり

解放出版社

●はじめに

無農薬・有機菜園を始めたばかりの頃のことだ。ニンジンとカブの種を同時にまいたら、二日後にカブは一斉に芽を出したが、ニンジンは五日経っても一〇日経ってもまったく芽を出さない。不良品の種かと、地面をどんどんと叩いて、「はやく芽を出せ」と声かけしている私を見て、隣の畑のおじさんが言った。

「それゃ無理や。ニンジンはのんびりなんや」

カブもニンジンも見た目はそっくりな、小さな小さな黒い種。でも、その内に秘められた個性は、まったく違う。

成長のスピードもそれぞれだ。だからのんびり待てばいい。子どもでも、野菜でも、いのちを育てる仕事の核心は、目に見える結果に一喜一憂せずに、内にあるいのちの力の発現を待つことだと畑で学んだ。

この夏からは、農薬はもちろん有機肥料も一切使わない無肥料栽培を始めた。堆積した枯れ葉や、腐った木に繁殖する菌が、野菜の根につながることで作物が育つ。土のなかの微生物多様性のネットワークが持つパワーは、多種多様であればあるほど、わかち合いと共生のいのちのつながりを生み出すことが、最新の研究で次々と明らかになっている。

多様性とは、違いを認め合い、その上でつながりを求めることだ。つながることで競争より支え合いを現実にする。

逆に差別とは、つながりを切ることだ。競争社会は、つながることよりも抜きん出ることを要求する。時にはつながりを切ってでも勝つことを強いられ、負けた人は「自己責任」の名でうち捨てられる。

一方でエンパワメントとは、誰もが内に持つ力を回復すること。だからそれは、切れたつながりをつくろう作業でもある。

多様性とエンパワメントは、共生社会実現のための、いのちをつなげる二つの車輪なのである。

一九七〇年代後半のカリフォルニアで、私はダイバーシティ（多様性）とエンパワメントの当事者運動の高揚のただなかに身を置いた。それは個人的には、おとしめられてきた自分の内なる力をとりもどす作業であり、社会的には、多様な人々とつながる活動だった。

一九八〇年代にはダイバーシティとエンパワメントの概念を、米国で、女性と子どもへの暴力防止の活動のなかで実践化した。九〇年代には、カリフォルニア大学のダイバーシティ主任アナリストとして、ダイバーシティとエンパワメントの研究と研修プログラムの開発に力を注いだ。

一九九一年からは何度も日本に招かれて、子どもの人権について、女性のエンパワメントについて、多様性についての講演ツアーをした。「ダイバーシティ」も「エンパワメント」もその頃の日本では、聞いたことのない人のほうが多い言葉だった。


日本のビジネス分野では、「多様性はイノベーションをもたらし生産性を上げる」との言説が流通している。「イノベーション」が競争にうち勝つ「革新性」という意味ならば、それは微生物多様性の生態系の原理＝協力と共生とは真逆のヴィジョンだ。生産性を上げるという名目で、差別、抑圧されてきた人々が、抗議の声をあげ、公平性を要求した当事者の闘いが勝ち取ったのが米国で生まれたダイバーシティ概念である。

多様性コンサルタント分野では、ＤＥＩ（Ｄ＝ダイバーシティ　Ｅ＝エクイティ　Ｉ＝インクルージョン）のキャッチフレーズが英語で飛び交っているが、その実態はどこにあるのだろう。

夏目漱石は、一一〇年以上前に「現代日本の開花は皮相上滑り」と嘆いたが、それと同じ状況が今も起きているようだ。

多様性とは「いのちのつながり」であり、エンパワメントは、「生きる力の回復」であることを、読者が日々の生活のなかで実感し実践に移すきっかけを、この本から得ていただけることを願ってやまない。

●目次

I

多様性の今
<ruby>ダイバーシティ</ruby>

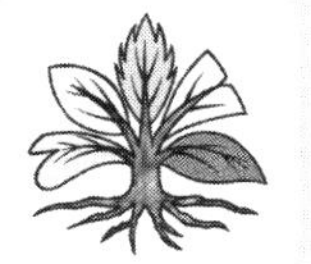

1　迷惑——日本人を呪縛する言葉

英語に翻訳するのが難しい日本語のひとつに「迷惑をかける」がある。

あえて訳すならば Troublesome（問題をもたらす）とか Annoying（煩《わずら》わしい）となるが、どれも迷惑の意味とはだいぶ違う。的確な訳語がないのは、この言葉が、日本特有の同調社会規範をその意味の背景としているからだ。

いじめを受けながら相談できないでいた子が、ようやく話しにきてくれた時、「迷惑になると思って言えなかった」と言ったので愕然《がくぜん》としたことがある。「話しにきてくれてありがとう。迷惑なことなんかまるでないよ」とまずは答えたが、この子のなかでは、人と違うこと、目立つことをするのは「迷惑」なのだった。

「うちの子は他の子たちのように早く話せませんので、ご迷惑おかけしますが、よろしくお願いします」と母親が教師に言う時も、人と違うことが「迷惑」とみなされている。この国では、「違い」は「間違い」なのである。

●…「迷惑です」は冷たい言葉

日本、中国、インドネシア、フィンランドの幼児を持つ母親を対象としたベネッセ教育総合研究所の「幼児期の家庭教育国際調査」（二〇一八年発表）は、興味深い結果を提示した。幼児の将来に何を期待するかの質問に対する日本の母親の回答は「他人に迷惑をかけない人」が四六・一％で、他三国の一〇～二〇％台に比べてダントツに高かったのである。親が自分の子ども、それもまだ幼児に託す夢としては、あまりに貧しくないだろうか。

筆者たちが実施する虐待にいたってしまった親の回復のためのMY TREEプログラムに参加した一人の母親は、子どもの頃から「人の迷惑にならないように」と両親から徹底してしつけられたことを語った。「だから私も五歳の息子にそれを要求してきました。迷惑にならないようにと、他人の目ばかり気にして育ててきました。それが叩くしつけにエスカレートしたんです」。

「迷惑です」は冷たい言葉だ。人と違うことをしないよう、有無を言わせず縛りつけることのできるこわい言葉だ。

●…公の秩序に反すると迷惑？

自民党が二〇一二年に発表した日本国憲法改定草案は、基本的人権の定義を大きく変える文言となっていて、背筋が冷たくなる（以下、傍線筆者）。

現行憲法第一三条　すべて国民は、個人として尊重される。生命、自由及び幸福追求に対する国民の権利については、公共の福祉に反しない限り、立法その他の国政の上で、最大の尊重を必要とする。

自民党改憲草案第一三条　全て国民は、人として尊重される。生命、自由及び幸福追求に対する国民の権利については、公益及び公の秩序に反しない限り、立法その他の国政の上で、最大限に尊重されなければならない。

自民党の憲法改正草案に関するQ＆A〔増補版〕（https://storage.jimin.jp/pdf/pamphlet/kenpou_qa.pdf）には次のようにある。

（「公共の福祉」を「公益及び公の秩序」にあらためた理由）「公の秩序」と規定したのは、「反国家的な行動を取り締まる」ことを意図したものではありません。「公の秩序」とは「社会秩序」のことであり、平穏な社会生活のことを意味します。個人が人権を主張する場合に、人々の社会生活に迷惑を掛けてはならないのは、当然のことです。そのことをよ

り明示的に規定しただけであり、これにより人権が大きく制約されるものではありませ
ん」日本国憲法改正草案Q&A〈増補版〉、一三頁、Q15より引用）

これを読んだ時、「出た！　呪縛の言葉が」と思った。「個人が人権を主張する場合に、人々の社会生活に迷惑を掛けてはならない」の文は「迷惑」の定義が定かでないので説明として意味をなしていない。個人が人権を主張する時に問題になるのは、その主張が他の人の人権を侵害する時である。誰がなにをもって迷惑とするのか、そのことがまったくわからない。「公益及び公の秩序」は、公（政府）の利益と秩序に反する行動は憲法違反だと明言しているという以外の読み方があるのだろうか。

二〇一六年に起きた相模原《さがみはら》障害者施設大量殺人事件の加害者植松聖《うえまつさとし》（当時二六歳）は、重度の障害者は国家にとって迷惑な存在で、生きている価値がないと当時の衆議院議長と首相宛に文書で直訴した上で、首相の忠実な一兵卒のように、直訴文通りに実行した。三年半後の裁判の公判においても「意思疎通が取れない人は社会の迷惑」と四五人を殺傷した理由を断言し続けた。彼もまた「迷惑」の呪いに縛りつけられた悲しい日本人の一人だ。

二〇二〇年、アカデミー賞のメイクアップ・ヘアスタイリング部門を受賞したカズ・ヒロ（米国に帰化）は「日本の文化は疲れる。夢をかなえるのは難しい」と語っていた。「人の迷

惑にならないように」という縛りのなかで生きることは疲れる。そして迷惑の呪縛にとらわれてしまうと、夢を持つことすら難しい。

2 臭いと多様性

二〇二〇年、第九二回アカデミー賞を受賞した韓国映画の「パラサイト 半地下の家族」で、最も印象深かったのが臭《にお》いだった。差別と格差のはびこる冷酷な現代社会の悲哀を、臭いを伏線にしてコミカルに描いたポン・ジュノ監督の手腕には感心した。最初に子どもが微《かす》かな臭いを嗅《か》ぎわけ、大人たちも自分たちとは違う人々が発する臭いに気づいていく。そして大雨による洪水で、主人公たちが暮らす半地下から、人も食器もトイレの汚物も一緒くたに流れていくシーンでは、強烈な悪臭が充満しているようで、思わず鼻をおおってしまった。

●…慣れない臭い

異文化の共生において、臭いは想像以上に大きな課題である。

もう四五年以上前になるが、結婚数カ月後にシカゴ郊外に住む夫の両親を訪れた時のことだ。日本料理を作るからと、そのあたりで唯一のアジアマーケットに材料の買い出しに、夫の父親の運転で行った。中国、韓国、日本、ベトナム、タイ、インドなどさまざまなアジアの食材が、一緒にごちゃごちゃと並んでいる小さな店だった。生野菜、肉、魚介類もあった。店のなかを物色していた私の後ろについてきた夫の父親が、急に「stinky（臭い）から、外で待っている」と言って出ていった。キムチや新鮮な野菜の匂いに食欲をかきたてられていた私に、stinky! の言葉は強烈な打撃だった。夫の両親のために日本料理を作ろうと張り切っていた気力が、一気に消えた。

夫の父親にアジア人を見下す差別意識があるわけではない。ただ異文化の匂いに慣れていないだけだ。そう自分に言い聞かせても、その時できてしまった溝《みぞ》は深かった。

●…市場の匂い

世界を旅する時、私がまず最初に行くところは市場《いちば》だ。市場が好きな理由のひとつは、異文化の、特に食材の匂いがして、その国、その地域の多様な暮らしに触れた気がするからだ。もうひとつの理由は、その地域の女性たちが生き生きと働いている姿が見られるから。

グアテマラシティの路上メルカードで、ナイロビの花市場で、ホーチミンのソンチウ市場で、那覇の第一牧志《まきし》市場で……。赤ん坊を背負って声を張り上げている若い女性、値切ろうと食い下がるバックパッカーを相手に片言の英語でまくし立てている中年女性、孫らしき子に両足を揉《も》ませながら店番をしているシワシワのおばあちゃん。ヌードルを食べながらおしゃべりに花咲かせる母たちのそばで宿題をする子どもたち。

旅人として市場のなかをゆっくり歩き回っているだけで、女性たちの働く姿と食べ物の匂いの多様性から活力をもらう。

たしかに都心のデパートでも、販売店員の多くは女性だ。でもみんな同じ制服で同じ対応で、笑い方まで同じでつまらない。そしてデパートには市場のような生活の匂いがない代わりに、無臭か、あるいは化学物質の臭いがして、長居がつらい。

●…匂いの記憶と文化

私は化学物質に特に過敏ではないのだが、アメリカのドラッグストアの量販店や巨大な衣料品デパートなどは、入ったとたんに臭いが強くてすぐに出たくなる。四五年前の夫の父親のように「stinky! 外で待ってる」と言いたいのだが、一緒に行った人をいやな気分にさせたくないので何も言わずに外に出る。

近年は公害のカテゴリーに、香害も加わり、訴訟も起きている。

香害とは柔軟剤、消臭剤、制汗剤、芳香剤、合成洗剤などの強い香りを伴う製品による健康被害のことだ。身の回りにあふれる〝いい香り〟によって、呼吸困難、頭痛、くしゃみが止まらない、脱力感、喉の痛みや腫《は》れ、喘息《ぜんそく》のような発作に襲われる、といった症状が出る。その結果、学校に行けない、職を失って生活困難に陥る、人に会うことさえできず家に引きこもっている人もいる。私自身、美容院のヘア染め薬品の臭いがつらくて、いつもカットだけで出てきてしまう。

日本消費者連盟は、二〇一七年に電話相談「香害一一〇番」を実施した。二日間で二一三件の訴えがあったという。同連盟は、職場、学校、商店に充満する香りのせいで、日常生活を送れないほど苦しい症状を抱える一〇〇万人とも言われる人の声を届ける啓発活動を展開している。

匂いは個人の記憶に直接作用して自分の属す文化への愛着や尊敬を思い出させる。路上でサンマを焼く匂いを嗅ぐと、子ども時代のいくつものなつかしい思い出がめぐって足を止めてしまう。潮の匂いがすると、幼き頃住んだ海辺の街の砂浜の景色が浮かぶ。

二一世紀のグローバル消費文化のなかで、匂いは商品化され、化学物質として人の脳に作用して心身の苦痛をもたらすにいたっている。そのなかで、一人ひとりの大切な匂いの記憶と文化は、二一世紀を生き延びられるだろうか。

3 鬼・ONIの多様性

「私たちは静かに怒りを燃やす東北の鬼です」

福島第一原子力発電所のメルトダウンから半年後の二〇一一年九月、日比谷野音で開催された「さようなら原発 五万人集会」での武藤類子《むとうるいこ》さんのスピーチの衝撃は、今もって忘れられない。「ふくしまからあなたへ」の伝説のスピーチは、会場のみならずラジオやテレビでそれを聴いた何十万人の心を震わせた。

武藤さんは、事故以前から自然と共に暮らす生き方を選び、三〇年以上にわたり脱原発運動に取り組んでこられた。一六万人もの避難民を生み出した事故を起こしながら一三年後の今日も誰一人責任をとらない現状に対して、福島原発告訴団長や原発事故被害者団体連絡会（ひだんれん）共同代表として、原発訴訟で中心的な役割を担ってきた。

●…静かに燃える怒り

穏やかな物腰、静かな語り口のなかで、「私たちは鬼です」という象徴的な強い言葉を用いたことについて、後に武藤さんは次のように語っている。

「二〇一一年に原発事故が起きた時に抱いたのは、『悲しみの中にある怒り』でした。それを表現したのがあの言葉だったのです。東北の民はかつて、中央政府から『鬼』にたとえられました。荒々しくて、きちんと統治されていない、恐ろしいものとしてずっと扱われてきたのです。ところが、東北に伝えられている民俗舞踏の中で表現される鬼というのは、また違った一面があります。例えば岩手の鬼剣舞《おにけんばい》は、鬼のような恐ろしい形相の面をつけた迫力のある踊りですが、実は不動明王などの仏の化身を表現したものなのです。『鬼』というのは、東北の人たちが中央政権にどのように扱われてきたかという、悲しい一面を象徴していると思うのです。(中略)東北の人の血の中には、そうした静かに燃える怒りが、今でもあるんじゃないかと思っています」(imidas 情報・知識・オピニオン福島を語る https://imidas.jp/olympic/?article_id=l-89-017-21-07-g787)

●…『鬼の研究』

宮崎駿《みやざきはやお》の「もののけ姫」に登場する主人公アシタカの出身エミシ一族は、蝦夷《えみし》と呼ばれた東北地方の村をモデルにしていると言われている。蝦夷たちは、大和朝廷から続く歴代の中央政権が「鬼退治」と称して強行する蝦夷支配に抗《あらが》ってきた。

鬼は、中世には能の芸術として表現の場に躍り出た。和歌と能の道を究《きわ》めた馬場あき子は、歌人としての感性と民俗学、古典文芸の知見とをもって、『鬼の研究』という渾身《こんしん》の作品を一九七一年に発表し、多大な反響を呼んだ。当時大学生だった私は、自分の異端性や女性差別への怒りを肯定してくれた書として、繰り返し読み、女性の仲間たちと語り合った。今もその興奮を思い出す。

能の「般若《はんにゃ》」は、最も鬼らしい鬼だ。「三従の美徳に生きるはずの中世の女が、鬼となるということのなかに、最も複雑に屈折せざるを得なかった時代の心や、苦悶の表情を読み取ることができるからである。〈般若〉の面は、そうした鬱屈した内面が破滅に向かう相を形象化して、決定的な成功をおさめたものといえる」（『鬼の研究』ちくま文庫）。

「自分もまた鬼であるかもしれない」、「いったん鬼を愛し始めた私の裡がわでは、鬼はしだいにかの怪異な容貌を解体し始め、過酷な状況を告発しつつ生きる人々の苦悩の表情をとりつつあるのを否めない。全国に散在する現代の鬼族よすこやかなれ」との呼びかけで終わる『鬼の研究』は、その後長く私の生き方をガイドした本の一冊となった。

●…鬼たちの多様性と多義性

二〇二二年一〇月に放映が開始されたネットフリックス配信の長編CGアニメ「ONI〜神々山のおなり」をアメリカに住む六歳の孫娘に誘われて観た。ピクサーの「トイストーリー3」のアートディレクターを務めた、日本出身でアメリカのアニメ界で大活躍している堤大《つつみだい》介《すけ》監督の最新作だ。日本の妖怪たちが守ろうとする大自然の美しさを匂《にお》い立つように細やかに描く手法、人間による開発によって山を奪われる妖怪たちの苦境、お転婆《てんば》少女おなりの意気ごみ、そして小さなモリノコ精霊たちが登場するところまで、宮崎駿作品の影響が濃厚だが、日本の鬼たちの多様性と多義性が海外の子どもたちにこんな秀作アニメで伝えられることはなんともうれしい。

良い鬼対悪い鬼という単純ヒーロー物語ではないがゆえに、少女おなりは自分は何者かと悩む。後半には妖怪たちの山麓の街に住むアフリカ系少年が登場する。外人、外人といじめられている少年は言う。

「いじめっ子たちは、僕を鬼と呼ぶ。でも、皮膚の色の違う僕がこわいだけなんだ。僕は日本の妖怪が大好き。外人と呼ばれても、鬼と呼ばれても、僕は日本で生きていくんだ」

鬼としての両義性をしっかり受け止めていく子どもたちに希望を託したくなった。

4 「発達障害」か「脳神経多様性」か

日本のマスコミでは引き続き「発達障害」が人気のテーマだ。

数年前に、ある月刊誌に「米国の当事者の間では、『発達障害』の用語は『脳神経多様性』に置き換えられつつある。数年後には日本でも『発達障害』は死語になるだろう」と書いた。先日アメリカのCNNが、「脳神経多様性の子どもたちにも楽しいハロウィーンを」と題したニュースを流していて、北米では一般人の間でも「発達障害」「自閉症」「ADHD」などの用語を使わなくなったことを感じた。

●…当事者たちの主張

発達障害とは「自閉症、アスペルガー症候群その他の広汎性発達障害、学習障害、注意欠陥多動性障害その他これに類する脳機能の障害であってその症状が通常低年齢において発現するもの」（発達障害者支援法二条）と日本では定義されている。

二〇一三年の国際的な診断基準の改正（『ＤＳＭ－５精神疾患の診断・統計マニュアル』第五版、アメリカ精神医学会発行）で、自閉症とアスペルガー症候群などがひとつになって自閉症スペクトラム症（ＡＳＤ）となった。チック・トゥレット症候群、吃音《きつおん》も発達障害に含まれるとされる。

しかし北米の当事者からは、「自閉症スペクトラム症」に対しても、「自閉症は障害ではないのだからその診断名はやめてほしい」「私たちは脳神経多様性のひとつだ」という主張がなされてきた。その主張には次のような思いが込められている。

・私たちに〝治療〟は必要ない。必要なのは脳神経の違いへの理解と共感に基づくケアとかかわりである。

・欠陥、疾病、異常などの言葉の使用は不適切だ。私たちの特性はしばしば定型発達の人々にない能力である。

脳神経多様性運動の推進者たちは、行動療法が自閉症者やＡＤＨＤの者たちの苦悩を軽減するよりも、定型発達の人々の都合に合わせるようにプログラムされていると言う。

例えば自閉症の子どもは人の目を見て話すように指導されることがある。しかし当人たちにとっては、誰かの目を見て会話すると緊張が一気に高まるため、相手の話を理解することを妨《さまた》げることにもなりかねない。

脳神経多様性運動に反対の立場をとる当事者たちもいる。治療が必要な人たちもいるからだと。自閉症やＡＤＨＤが病理だと認識されなくなると、保険が適応されなくなる。制度的に設けられている個別支援がなくなるかもしれない。彼らの主張にもまた納得がいく。

●…人類が洞窟生活を抜け出せたのも……

一九九〇年代、カリフォルニア大学で多様性研修のプログラムを開発していた頃出会ったアメリカの動物学者のテンプル・グランディンから、私は初めて自閉症の人々の独特な視点が定型発達の人にはできない創造をもたらすことを知った。彼女の空間認知能力や細部への徹底した集中力は、自閉症ゆえに持っているもので、そのおかげで世界的に活用されるようになった非虐待的屠畜場を設計したことで知られていた。子ども時代から人間よりも自然と動物を友達にしてきた経験も影響しているのだという。彼女は、もし自分たちのような脳神経タイプがいなかったら、人類は今もって洞窟《どうくつ》生活をしていたかもしれないと言った。電球を発明したエジソンが発達障害を持っていたことを念頭においてのコメントだろうか。自閉症のあった著名な人物として、アインシュタインやスティーブ・ジョブス、モーツァルトらが名を連ねる。これらの人々が存在しなかったとしたら……と想像するだけで、多様な脳神経が人類の進歩にとって不可欠だったということに納得がいく。ちなみに彼女の半生をＴＶ映画にした「テンプル・グランディン～自閉症とともに～」は二〇一〇年エミー賞を受賞。日本語でも視聴可能だ。

『自閉症の僕が飛びはねる理由』（二〇〇七年出版）が二〇一四年に世界的な大ベストセラーとなって以来、作家活動を続ける東田直樹さんは、自閉症の人の内的世界を次のような美しい詩的な表現で教えてくれた。


「手のひらをひらひらさせるのはなぜですか？

これは、光を気持ちよく目の中に取り込むためです。

僕たちの見ている光は、月の光のようにやわらかく優しいものです。そのままだと、直線に光が目の中に飛び込んでくるので、あまりに光の粒が見え過ぎて、目が痛くなるのです。

でも光を見ないわけにはいきません。光は、僕たちの涙を消してくれるからです。

光を見ていると、僕たちはとても幸せなのです。たぶん降り注ぐ光の分子が大好きなのでしょう。

分子が僕たちを慰めてくれます」（東田直樹『自閉症の僕が飛びはねる理由』エスコアール出版部、二〇〇七年）

●…「フツー病症候群」

脳神経多様性推進者たちは、自閉的な特性を異常な症状として精神疾患に入れる社会を皮肉って、「普通の人たち」を「フツー病症候群」または「定型発達症候群」として、その症状を以下のようにリストアップした。

一、はっきりと本音を言うことが苦手
二、いつも空気を読んで行動することに懸命
三、いつも誰かと一緒でないと不安になる
四、必要なら平気で嘘《うそ》をつける
五、フツー病の人たちの和を乱す者を許さない

脳神経多様性を主張する人々のこの指摘は耳が痛い。あらためて、「フツー」は「異常」かもしれないと気づかせられる。あなたが、あなたの職場が、TVのワイドショーが、国会

答弁の場がフッー病に陥っていないかどうかを検証することは、多様性受容力を高めることにつながる。

私は過去九年間、児童心理治療施設や自立支援施設などで、発達障害や虐待のトラウマを抱える子どもたちに瞑想ヨーガを教えてきた。思えば、彼らに教えるために、自閉症スペクトラム症の診断基準の知識は必要なかった。必要だったのは、子どもたち一人ひとりの脳神経のありようはさまざまだという「違い」の受容と、言葉や顔つきの表現がなくても、うれしさや悲しさやさびしさの感性は「共通」なんだという多様性理解だった。

一三歳だった東田直樹さんは、アインシュタインやスティーブ・ジョブスやテンプル・グランディンのような有名な人々が、テクノロジーや文明の発展に貢献したことを知ることよりも、さらに大切なことを以下の文で指摘してくれた。それは自閉症の人は有名人にならなくてもただ自閉症であるままで、地球のいのちの美しさと大切さをフツーの人々に思い出させてくれる人々だということだ。

「僕は自閉症とはきっと、文明の支配を受けずに、自然のまま生まれてきた人たちなのだと思うのです。

これは僕の勝手な作り話ですが、人類は多くのいのちを殺し、地球を自分勝手に破壊してきました。人類自身がそのことに危機を感じ、自閉症の人たちをつくり出したのではないでしょうか。

僕たちは、人が持っている外見上のものは全て持っているのにも関わらず、みんなとは何もかも違います。まるで、太古の昔からタイムスリップしてきたような人間なのです。

僕たちが存在するおかげで、世の中の人たちが、この地球にとっての大切な何かを思い出してくれたら、僕たちは何となく嬉しいのです」（前掲書より）

5 「多様性と調和」の違和感

●…大嘘で招致

「福島はアンダーコントロール」との大嘘《うそ》で招致し、終了後は組織委幹部の大規模汚職案件が次々に明るみに出た二〇二〇年東京五輪。そのテーマが「多様性と調和」だったことは、もうブラックジョークとしか思えない。

そもそも「多様性と調和」という二つの言葉の並列に違和感を覚えたのは私だけだっただろうか。そのことを深掘りしてみよう。

二〇〇〇年に『多様性トレーニング・ガイド――人権啓発参加型学習の理論と実践』（森田ゆり著、解放出版社）を出版した頃、日本で「多様性」（ダイバーシティ）は、国や企業や自治体がこぞってビジョンに挙げるような人気のある言葉ではなかった。あれから二十数年が経ち、ようやく「多様性」がマスコミでも頻繁《ひんぱん》に使われるようになったが、それでも「多様性」単独では不安で、「調和」という言葉をくっつけないではいられないこの国の為政者たちの心理を反映している。

しかし、この二つの言葉はそう簡単に並列できるものではないのだ。

「多様性」は、米国で六〇～七〇年代に人種、性的マイノリティ、障害のある人々、女性たちが同化主義政策に抗議し、それぞれの尊厳を主張する闘いのなかから生まれた概念だ。それは白人、男性、健常者、ヘテロセクシュアルの価値観と制度に従うことで初めて仲間に入れてもらえる同化主義という、見かけだけの調和（ハーモニー）の押しつけを拒否する当事者たちの闘いだった。

日本社会は「調和」という言葉が好きだ。「みんな一緒に」という同調圧力の強いこの国では、みんなと同じ「調和」を乱す者は排除されてしまう。

福島原発メルトダウン後、「絆《きずな》」という言葉が流行《はや》った。未曾有《みぞう》の困難にあっても日本人は互いに助け合い、「絆」の力で復興を目指すと。しかし福島からの避難者の友人は、「絆」と大きく書いたTシャツを着て復興支援ソングを歌うシンガーに「絆なんてやめてくれ」と吐き捨てるように言った。

『わかな十五歳─中学生の瞳に映った3・11』（ミツイパブリッシング、二〇一二年）を出版したわかなさんは、私への献本の手紙のなかでこう書いていた。

「あの時、『絆』という言葉をたくさん耳にしました。しかし、当時高校生になった私が感じたのは『うわべだけの繋がり』でした。当たり前の日々が奪われた私には、そのメッセージはあまりにも安っぽく聞こえました」

「山形駅前では〈がんばろう東北〉というのぼりがはためいていました。わたしは『これ以上何をがんばれというのだ』と冷めた目で見ていました」、「戦時中、もちろん私は生きていませんが、『戦争反対』と言えなかった時と同じ状況なのではないのか」、「二〇一一年三月以降は福島でも放射能や原発への不安を口にしたり、県外に避難したりすれば『非県民』とも言われたのです」（以上、前掲書より）

●…当事者の闘いによって獲得した多様性

多様性は、闘いのなかから獲得された概念なのだということに共感できる人は、日本にどれほどいるだろうか。日本では、人権も、エンパワメントも、人々が闘って獲得した概念であることが理解されていないので、どれも人の生き方や思想として根づかず、脆《もろ》く風化する。

一九九〇年代前半から多様性概念を米国の企業や行政が取り入れ、標語として掲げるようになった状況と今の日本は、表面的には似ている。しかし実態はだいぶ違う。

米国では、公民権法とアファーマティブアクションの法的整備は一九九〇年までにはすでにできていた。障害者の包括的な公民権法（ＡＤＡ）も一九九〇年には成立した。その上で、法律で縛るばかりではなく、すべての人の人権尊重を広く浸透させるために多様性概念は謳《うた》われ、多様性研修は求められた。

しかし日本では、多様性の前提となる法制度があまりに未整備だ。在日コリアンを含む外国人の人権保障の法律はない。女性やマイノリティの雇用促進のアファーマティブ（ポジティブ）アクションは対象が女性のみで、それも法制化されていない。選択的夫婦別姓制度は、法制審で審議されてから四分の一世紀を経て、今なお国会上程にいたらない。人種、国籍、障害、年齢などを理由にした住宅差別を禁止する法律もない。多様性を謳い上げる前に、しなければならないことが山積みなのだ。

多様性と調和を安易にくっつけないで、まずは多様性のビジョン実現に本気で取り組もう。違いをぶつけ合い、論議し合い、その上で手を取りあえる調和の地平にたどり着くまで忍耐強く対話を続けよう。

6　そもそもダイバーシティとは？エンパワメントとはなにか？

「多様性（ダイバーシティ）とは、人はみなその価値において等しく尊いという人権概念を核にして、さらに人はみな違うからこそ尊いとの認識に立つ考え方である」と三〇年前の一九九三年、カリフォルニア大学から出版した〝Diversity Training Guide〟で書いた。その本はその後、自身の翻訳で、『多様性トレーニング・ガイド―人権啓発参加型学習の理論と実践』（解放出版社、二〇〇〇年）と題して日本で出版した。そこでダイバーシティとは、違いの尊重によって均質性から脱却し、さらに、互いの共通点を見出すことで社会全体の活力を高めること、その方法はエンパワメントであることを論じた。

ダイバーシティとエンパワメントにもとづく活動実践を、米国と日本で続けて四十余年になる。これらの概念を一九九〇年代の初めの早い時期に日本に紹介した者として、今日、どちらの言葉も広く使われるようになったものの、本来の意味が大きく誤解されていることが気になって仕方ない。

●…日本に根づく「誤解」

二〇一二年から二〇二〇年にアベノミクス成長戦略において掲げられた標語「女性活躍エンパワーメント」ほど、ダイバーシティとエンパワメントを矮小化したスローガンはない。

女性が力をつけて社会に進出する「エンパワーメント」の推進。女性の労働機会を増やし、女性が輝く社会。その具体的な目標の一つ、「二〇二〇年までに女性の管理職を三〇％に」は、無残にも挫折。国会議員の女性率は、今もって一〇・一％。ジェンダーギャップ指数は一四六カ国中一二五位（二〇二三年世界経済フォーラム報告）だ。

その一方で、アベノミクスの「金融緩和政策」は大胆に実行され、一部の富裕層が莫大な富を築き、格差社会が固定化。非正規労働者数が増大し、公務員の非正規化は四〇％にも達し、その四分の三を女性が担っているのである（総務省、二〇二〇年）。

アベノミクスの「女性活躍エンパワーメント」とは、格差社会の底辺を占める非正規労働者として、女性という人材をかり出すための隠れ蓑《みの》だったのか。

女性が力をつけて社会に進出する「エンパワーメントの推進」をアベノミクスは謳《うた》った。しかし、エンパワメントとは「力をつけること」ではない。「社会に進出すること」でもない。それは知識や資格や肩書など外からの力をつけるのではなく、自分の内にある力に気づくことだ。力のある者がない者にそのパワーのおすそ分けをするのでもない、持てる者が持たざる者にあげるのでもない。互いの内在する力にどう働きかけ合うかという関係性なのである。

エンパワメントとは何かを日本に伝えるために九〇年代に出版した『エンパワメントと人権―心の力のみなもとへ』（森田ゆり著、解放出版社、一九九八年）を引用しながら、あらためてエンパワメントとダイバーシティの本来の意味を確認したい。

「エンパワメントを『力をつけること』と理解してしまったら、がんばれ、がんばれと競争意識をあおるだけで、ある者には優越感を、ある者には劣等感を抱かせる旧態依然の競争社会の掛け声にすぎず、変革思想などとはほど遠いのだ。

そう、わたしたちはもういつまでもがんばりつづけなくていいのだ。ただ存在するだけで十分にすばらしい。がんばって外から力をつけようとしなくても力はすでに内にあるのだから。そのことを信じることができないから人と比較することで自分の価値を見い出そうと、果てしない『がんばろう』の自己叱咤で疲れ切っていく」（前掲書より）

「em-powerment というこの英語。em は『内』という意味を持つ接頭語、power は『力』。ment は empower という動詞を名詞にする接尾語。すなわち『内』と『力』がこの言葉を理解する鍵である。パワーは二種類に分けることができる。否定的なパワーと肯定的なパワー。否定的なパワーの例としては、暴力、抑圧、権力、支配、戦争、虐待、いじめ、差別などをあげることができる。肯定的なパワーとはたとえば、知識、経験、技術、自己決定、選択の自由、援助、共感、信頼、愛などで、中でも重要なのは権利意識である。権利意識とは簡単に言ってしまえば、自分を大切にする心のことだ。セルフエスティーム（自己尊重）と呼んでもいい。否定的パワーに対抗する力とは、権利意識を核にするこの肯定的パワーの諸要素である。エンパワメントとはこの諸要素を活性化することに他ならない」（前掲書より）

●…生きる力のみなもと

エンパワメントは、日本では個人や集団が力をつけて自立するといった意味合いで理解されることが多いが、それは誤解で誤訳である。エンパワメントとは、人が生まれながらにして持つ生きる力を発揮することである。またそのためには抑圧のない、公正にわかち合う社会が不可欠であるという人権尊重の考え方を基本にする。六〇年代にブラジルのパウロ・フレイレが、非識字の農民と共に展開した、被抑圧者の教育思想実践にそのルーツを持つ。

筆者は七〇年代以降のアメリカで、子どもと女性への暴力、先住民、障害者運動のなかに身を置いてきた者として、当事者運動のなかでこの概念が語られ、広がったことを見てきた。

エンパワメントとは、人はみな生まれながらにさまざまな素晴らしい力を持っているという人間観から出発する。そのパワーのなかには自分を癒す力、ふりかかってきた問題を解決する力、個性という、「自分が自分であることの力」もある。

生まれたばかりの赤ちゃんにはどんなパワーが内在しているだろうか。下の図を見ながら考えてみよう。

赤ちゃんには生き続けようとする生理的力がある。そして人とつながろうとする社会力がある。赤ちゃんは泣くことで生きるニーズを発信し、他者とつながろうとする。それに応えてくれる他者との身体的接触や、視線の交換や、情動の交流の心地よさを通して、自分の存在の尊さを確認していく。またその子にしかない個性という力も持っている。

●…人権＝生きる力

赤ちゃんの存在の中心には、目には見えないが、「人権」という大切な力が内在する。人としての尊厳。それがないと安心して健康に生きることが困難になるもの。

福沢諭吉は一八世紀、西欧のロックやルソーの自然権概

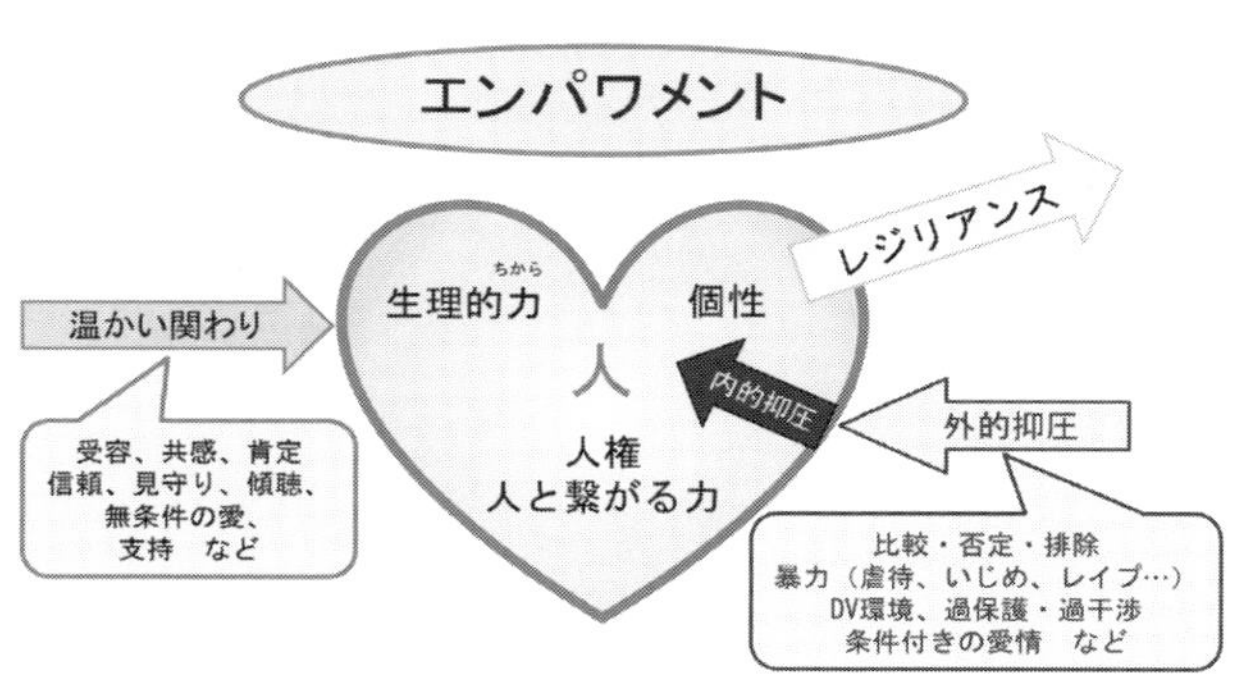

念を「天賦人権」と訳してこの国に紹介した。それは国家からいただいたものではなく、誰もが生まれながらに持つ生きるために不可欠の権利。すなわち生きる力。人権とは私が私であることを大切に思う心の力。自分を尊重し、他者を尊重する力である。

私たちはみな、自分の持つパワーを充分に発揮させて生きる可能体として生まれてきた。この「私」のもろもろのパワーを育ててくれるのは、「私」をまるごと受け入れてくれる他者との信頼関係である。とりわけ乳幼児期の保護者との基本的信頼関係、無条件で受け入れられ、愛されるという安心の体験とその記憶は、その後の人生を通して、その人の生きる力のみなもとになる。

●…外的抑圧と内的抑圧

しかし残念なことに、現実はこのような受容の関係ばかりがあるわけではない。自分のパワーを傷つける外からの力に、人は次々と出会っていく。私はそれを「外的抑圧」と名づけた。外的抑圧のもっとも卑近な例は「比較」だ。比較は幼少の時だけでなく、受験競争、出世競争のなかで……と一生私たちにつきまとう。親の過干渉もこのパワーを傷つける。もろもろの差別や偏見も本来のパワーを奪う。さらに暴力も人の本来の豊かさを押しつぶそうとする力だ。虐待、体罰、いじめ、レイプなどの暴力の最大の残酷さは、あざや身体的外傷ではなく、自分を大切に思う心と自分への自信を被害者から奪い、自分の尊さ、自分の素晴らしさを信じられなくしてしまうことにある。

外的抑圧は比較、いじめ、体罰、虐待とさまざまな形をとりながらも、共通するひとつのメッセージを人に送り続ける。それは「あんたはたいした人間じゃないんだよ」という偽《いつわ》りのメッセージだ。

人はしばしばその嘘《うそ》を信じてしまう。「そうか。自分はたいした存在ではない、つまらない人間なのか」と。それを筆者は「内的抑圧」と呼んでいる。でも、私たちは誰でもみな、たいした人間なのだ。「私」はただ「私」であるだけで、もう十分にたいした人間である。生きたいという生命力を持ち、人とつながって生きようとする力を持ち、私ならではの個性を持った、唯一無二の人間だ。

エンパワメントとはこのような外的抑圧をなくすこと、内的抑圧を減らしていくことで、本来持っているもろもろの力（生理的力や社会力や人権という自分を尊重する力など）を取り戻すことだ。外的抑圧をなくすためには法律、システムの改革が必要になる。社会の差別意識や偏見を変える啓発活動も不可欠だ。内的抑圧をなくすためには、社会から受けた不要なメッセージを一つひとつとりのぞいていき、「私」の存在の大切さを感じていくことだ。エンパワメントとは、誰でもが持っている生命力や個性をふたたび生き生きと息吹かせることにほかならない（以上、森田ゆり著『新・子どもの虐待』岩波書店、二〇〇四年より要約引用）。

●…不可欠な両輪

エンパワメント概念は、米国の一九六〇年代以降の公民権運動をはじめとするさまざまな権利回復社会変革運動のなかで、奪われてきたパワーを取り戻す当事者*の思想として誕生した。

しかし日本では、政府主導の男女共同参画やアベノミクスの目玉商品として、「エンパワーメント」と、なぜか間延びした発音で提起され、拡散した。

エンパワメント概念が、電通広告のキャッチコピーのように上から広げられたのと同様に、ダイバーシティ概念も、二〇〇〇年に日本経済団体連合会が、二〇〇四年に経済同友会が、人事・経営戦略として取り上げて以降、急速に普及した。

本来のエンパワメントの意味は、一人ひとりの内なる力を尊重することで奪われた力を取り戻す働きかけであり、ダイバーシティとは、一人ひとりの違いと個性を尊重し、同時に互いの共通点をみつけてつながりあう方法である。

エンパワメントとダイバーシティは、人権尊重の共生社会の構築に不可欠な両輪なのである。

*当事者 party involved ＝被抑圧者 oppressed（パウロ・フレイレの言葉）

II

大地の神々・瞑想ヨーガ

1　日本の四季の癒しの力

二十余年の海外生活を経て日本で暮らし始めた頃、いくつもの新鮮な驚きと発見があった。そのひとつが、日本の四季の持つ癒しの力だ。

桜が咲く季節になるとテレビでもラジオでも新聞でも、桜前線レポートがあり、各地の桜の様子が報道される。人々は手紙やメールの私信でも「そちらの桜の様子はいかが？」と聞き合う。

公園や河川敷の満開の桜の木の下では、平日の昼間でも、青いビニールシートの上に老いも若きも子どもも集い、弁当を広げてお酒を酌《く》み交わし、会食を楽しむ光景が毎年のように繰り広げられてきた。

桜の季節に限らず、手紙の冒頭を四季の時候の挨拶から始める日本の伝統。「薫風爽やかな折」「緑萌える日々となりました」「残暑お見舞い申し上げます」などなど。こんなにも四季の変化を細やかに感受し、それを互いに共有し合う言語と習慣と文化を持つ国がほかにあるだろうか。自然の四季に感応する日本の暮らしのありように感動を覚えたことは忘れられない。

九〇年代にカリフォルニア大学で私が担当していた「多様性の共生」セミナーでは、子ども時代の記憶のなかで、最もなつかしく、心地よく、かつ鮮明に覚えていることをペアで話し合うワークをよくやった。毎回参加者の七割以上がその記憶に山や海や野原や木や動物とのかかわりを挙げていた。自然とのかかわりは日本人にとどまらず、こんなにも人の心に大きな安らぎをもたらしていたのかと感得した。

四季の自然への豊かな感受性が広く社会化されている、この日本の文化を活用しない手はないと、性虐待サバイバーのカウンセリング・セラピーのなかで活用するようになった。

●…外的自然と内的自然

自然は私たちに多大な安らぎを与えてくれる。海や山へ出かけなければ自然に出会えないわけではない。大都会のビルの間にも小さな自然は息吹《いぶ》いている。コンクリート道路の隙間から茎《くき》を伸ばし花を咲かせているたんぽぽの姿からも人は安らぎを得ることができる。

さらに私たちは誰でもが内なる広大な自然を持っている。無意識という自然だ。心の癒しとは、自分のなかの膨大な自然＝無意識を受容し、ケアし、そこに息づく生命力と呼吸をあわせることだ。自分の内なる自然の生命力が充分に感じられない時は、本物の外なる自然に身を置き、裸足《はだし》で地面をしっかり踏みしめて大地のいのちを吸い上げる。木の葉に跳ね返る光の空気を胸一杯に吸い込む。

●…癒しとは全体性の回復

「癒し」を英語ではヒーリング（Healing）という。ヒール（Heal）の由来はヘルス（Health）などと同じ語源のHal（古い英語で、Whole 全体の、無傷のという意味）にある。ホーリスティックという言葉も、人間を自然との有機的なつながりを持つ全体として捉える意味を持っている。そういえば、ヨーガ（Yoga）というサンスクリット語も「つながり」という意味だ。

暴力・虐待による深い心の外傷は、しばしば身体、感情、思考の全体としての人間存在をバラバラにしてしまう。解離やフラッシュバックなどの症状はその典型的なものだ。不安や恐怖の感情が強烈に呼び覚まされて、頭でいくら落ち着けと言い聞かせても、身体が感情によってコントロールされてしまう。虐待による心的外傷の癒しとは、バラバラになった自己を再統合することだ。ガラスの破片のように飛び散っている記憶の破片をつなぎ合わせ、身体と感情と思考の離反を統合し、生きた有機体としての全体を取り戻そうとすることだ。「癒し」とは全体性の回復にほかならない。

二〇二三年もまた、虐待行動にいたってしまった親の回復プログラムMY TREEが児童相談所主催などで日本各地一五カ所で始まった。二二年間、休むことなく実施し続けて一五〇〇人の回復者を出してきた。二〇〇一年にこのプログラムを開発した時も、日本の四季の癒しの力を大いに取り入れた。

「学びのワーク」と「自分をトーク」では、花や動物や雲や風のたとえ話と、シンボルを多用する。「瞑想とボディワーク」では、瞑想の呼吸法の練習のほかに止観瞑想《しかんめいそう》の宿題をする。家の近くに自分の木を決めて、今までだったら通り過ぎていた木を、足を止め、目を止めてただ観る、毎日観る。「今、ここ」に集中するこの脳訓練を続けることで起きる気づきは、身体と感情と自然とをつなぐ。

「子ども虐待とはこれまで人として尊重されなかった痛みや悲しみを怒りの形で子どもに爆発させている行動です。MY TREEはその感情、身体、理性、魂のすべてに働きかけるプログラムです。木や太陽や風や雲からも生命力のみなもとをもらうという人間本来のごく自然な感覚を取り戻します。さらに自分の苦しみに涙してくれる仲間がいるという、人とつながれることの喜びは、本来誰でもが内に持つ健康に生きる力を輝かせるのです」（森田ゆり編著『虐待・親にもケアを――生きる力をとりもどすMY TREEプログラム』築地書館、二〇一九年）

2　世界の女神たちに惹かれて

●…グアダルーペの聖母

女神たちの世界にいつも心惹《ひ》かれる。二五歳で日本を出て住んだ国、メキシコの埃《ほこり》っぽいバス停に、大衆酒場の薄暗いキッチンに、バスの運転席の頭上に、それはいたるところに祀《まつ》られていた。グアダルーペの聖母。十字架上のキリストは白い肌で青い目なのに、グアダルーペの聖母は原住インディオと同じ肌の色を持つ。このマリアの存在なくしてインディオのキリスト教化はありえなかったと言われる。アステカインディオの古来からの女神、トナンツイン信仰が、キリスト教のマリア崇拝の隠れ蓑《みの》の下で今も生きているのだ。

世界中どこでも女神は往々にして、外来の支配的宗教の内側へ巧みに滑り込み、形を変えて生き延びる。そもそもヨーロッパのマリア崇拝自体が、キリスト教以前の太古の豊穣《ほうじょう》の女神から生まれた信仰だった。他の女神たちも森の奥に身を隠し、妖精や魔女に姿を変えて、キリスト教支配の時代を生き延びた。女の神の生命力は無限だ。いかに抑圧され、否定されても、堰《せき》の隙間からあふれ出す水のように歴史の底を流れ続ける。

●…母なる大地の叡智

一九七九年から、カリフォルニアで三〇~四〇歳代を過ごした。当時は女たちの創造的エネルギーがごぼごぼ音立てて噴出していた時代だったから、生き生きとした魅力的な女たちとの出会いをたくさん持った。彼女たちの多くがやはり女の神々に心惹かれていた。とりわけギリシャ神話の大地の女神・ガイアは、暗闇のカオスから誕生した豊穣なるいのちの象徴だ。環境破壊が進み、商品がいのちより優先される社会に厭《あ》いた人々の心によみがえったガイアは、エコロジー運動や地球の病を癒す祈りのシンボルとなった。

あれは一九八〇年代のなか頃、サウスダコタの平原で開かれた反核集会が終わったあとのことだった。あたり一帯を赤く染めて沈んでいく巨大な太陽を背に、私たちは草の上に輪になって座った。五〇人はいただろうか。私の隣のナバホ・インディアンのスカーフをかぶった年配の女性がよく通る声で語り出した。

「この大地は私たちの母です。地球の生き物はみな、彼女の子どもたち。今、彼女は苦しみにあえいでいる。人間という放蕩《ほうとう》息子たちによる虐待があまりにひどいから。猛毒の核廃棄物を彼女の体のなかに埋め込む。核燃料の原料となるウラン鉱石をインディアンの土地で採掘する。ウラン鉱石は大地の背骨です。掘り出してはならないものなのです。その骨を抉《えぐ》り出されて、母なる大地は苦痛に身をよじり泣いている。あなたにはその叫び声が聞こえませんか」

穏やかな、しかし強い声で彼女は女神・母なる大地の叡智《えいち》を語った。あとになって彼女の夫がナバホ居留地内のウラン鉱山で採掘夫として働き、肺がんで死んだことを知った。

人間のいのちの本質は優しさにほかならない。優しさとは私の生の鼓動と他の生の鼓動とが響きあう喜びだ。大地の身をよじる泣き声に、私も痛いと声をあげることだ。世界中で自然の生命力の女神たちがうめき声をあげている。古代から営々と流れてきたいのちの大きな河の流れが、プルトニウムやプラスチックで止まってしまう前に、人間の手による女神たちへの虐待をやめさせるだけの時間が残っているのだろうか。

●…縄文の土偶たち

訪れた街で時間があると、その土地に住む女神を探して歩く。沖縄の海辺のガマのなかにそっと祀《まつ》られた石や、道端に立つ小さな弁天様、山に姿を託《たく》した土地の女神などなど。時にそれは、先のナバホの女性のように生きた人間だったりもした。出会った女神たちの物語からストーリーを紡《つむ》ぎだし、その物語に音楽をつけ、ストーリーテリングにして当時は時々演じていた。

縄文遺跡を訪れるのが好きなのも女神に惹かれるからだろうか。初めて火焔《かえん》土器を見た時の強烈な印象は忘れられない。心の底がざわざわと揺さぶられた。

五〇〇〇年前の私たちの祖先が夜の暗闇に燃える炎を見つめ、流れる川の渦巻きにいのちへの畏敬《いけい》をいだき、それを焔《ほのお》や渦《うず》の意匠にした。そしてそれをほどこした土器を、儀式のためではなく日々の調理用の鍋として使ったという。火焔土器は自然への讃歌を歌いながら料理し、子どもをあやす女たちのおおらかさを想像させる。「縄文のビーナス」や「遮光器《しゃこうき》土偶」のユニークで多様な姿。男であれ女であれ、今とは大きく異なった価値観、自然のいのちへの畏敬と感謝とに満ちた時代だったのではないかと想像しないではいられない。だからこそわかち合いを原則とした、戦いの少ない平和が一万年も続いたのだろうか。

先日、函館《はこだて》で仕事をしたあと、世界遺産に指定された垣ノ島《かきのしま》の縄文遺跡を訪れた。その遺跡から多く出土した一～二歳の子どもの足形を押した小さな粘土板。死んだ子どもの足形を住居につるして子どもを偲《しの》んだと推測されている。小さな五つの足の指跡がくっきりと。母たちの悲しみと願いが六五〇〇年の年月を超えて伝わってきて、合掌しないではいられなかった。

3 「ALOHA」はいのちの多様性を讃える言葉

挨拶として世界中の人に知られているが、本来のハワイ語のアロハは挨拶にとどまらない、奥深い意味を持っている。先住ハワイアンたちは、「アロハ」という言葉を彼らの生き方と精神性を体現する言葉として大切にしてきた。

一九九三年一一月二三日、当時のアメリカ合衆国大統領クリントンは、ハワイ先住民への謝罪決議（公法一〇三－一〇五）に署名した。その内容は、一八九三年一月一七日をハワイ王国転覆一〇〇年記念と認め、アメリカ合衆国がハワイ王国を領土化したことに対して、先住ハワイアンに謝罪するというものだった。

アメリカ合衆国の植民地支配によって、先住ハワイアンは言語をはじめとする自分たちの文化の継承を断絶させられた。しかし一九七〇年代以降、ハワイアンの言語と伝統文化の復活が活発に展開した。一九七八年にはハワイ語を英語と並ぶ州の公用語とする州法が制定された。

●…アンティ・パキの詠唱

ハワイアンの教育者・精神的リーダーのアンティ・ピラヒ・パキ（一九一〇〜一九八五）は、一九七〇年八月に開催された「二〇〇〇年へ向けたハワイ知事会議」で、壇上のパネリストたちがアロハの定義を論じている時に、聴衆のなかから立ち上がり、まずアロハの精神を保持し続けてきたクプナ（先達）たちに感謝を捧げた上で、次のアロハの詠唱を発表した。

Oli Aloha　アロハの詠唱

Akahai e na Hawai　ハワイの人々よ、優しさと思いやりを
Lokahi a kulike　助け合うことでハーモニーが生まれ
'Olu'olu ka manao　心を明るく保ち
Ha'aha'a kou kulana　謙虚さを忘れずに
Ahonui a lanakila　これらを忍耐強く保持すれば生命は光に満ちあふれる

ちなみに語源は、「ＡＬＯ－アロ」は「～の前に」、「ＨＡ－ハ」は「聖なる呼吸、魂」。す

なわちALOHAとは私たちは互いに聖なる息・魂の前にある、との意味。

参加者は深く心を揺さぶられ、多くが目に涙を浮かべていた。それは一〇〇年間にわたって、蔑《さげす》まれ、否定され続けてきたハワイアンとしてのアイデンティティを取り戻した喜びの瞬間でもあった。さらにアンティ・パキは「世界の平和を求める人々はやがて、ハワイに目を向けるでしょう。なぜなら、ハワイにはその鍵があるからです。その鍵こそが『アロハ』です」と予言した。

以来、この詠唱はハワイの伝統的アロハスピリットを伝える唄としてハワイアンの間だけでなく、広く知られるようになった。

アンティ・パキは一九一〇年にマウイ島のラハイナで生まれた。ハワイアンの言語と文化が、最も抑圧、否定された時代だった。しかし彼女の祖父、父たちは日々の暮らしのなかでそれを見失うことはなかった。成人したパキに、一人の老人との出会いがあった。「あなたが来るのを待っていたよ」と老人は言い、さらに「私が持つすべてをあなたに授けよう。それを受け取りたいか？」と聞いた。パキは「NO」と答えたという。老人は彼女の手をとり祝福した。その時、彼女はまるで全身に電気が走ったようなショックを感じた。彼女はハワイのMANA《マナ》（魂）を受け取った。その時から彼女は失われつつあった先住ハワイアンの言葉と文化の保持と再興に尽くすことになった。

●…多様性を誇るハワイの文化

ハワイ諸島は、アメリカでも最も民族多様性を持つことで知られている。元大統領のバラク・オバマが、ハワイでケニア出身の父と白人のアメリカ人の母との間に生まれ育ったように、ハワイ人、ポルトガル人、中国人、韓国人、ベトナム人、白人及び日本人を含む混合民族をハパと呼び、ハパ文化を誇りにしている。

最大の人種グループはアジア系（フィリピン、日系、中国系、韓国系、ベトナム）で約四〇％。先住ハワイアンはカマアイナと敬意を持って呼ばれ一〇％を占め、白人はハオリと呼ばれ、ハワイ人口の約四分の一だ。

セクシュアリティの多様性を認めることにおいても世界で最も早く、一九七二年に同性婚が合法化されたのはハワイ州だった。

●…ハワイ島でヨーガを教える

私は、二〇一二年から一四年にかけてハワイ諸島最南端のビッグアイランド・ハワイ島に住んだ。

ハワイ島北部には、ハワイ諸島最高峰、標高四二〇〇メートルのマウナ・ケア山がそびえている。マウナ・ケアはハワイ語で白い山の意味、冬になると山頂が雪でおおわれ、古代より聖地としてハワイアンの祈りの儀式が行われてきた。眼下には、刻々と変化する雲海の色が流れている。ハワイアンの祈りと詠唱のリズムに身を委《ゆだ》ねていると、ハワイアンの人々が伝統の言葉と祈りを保持し続けてきたことへの感謝があふれてくる。

マウナ・ケア山への登り口にある町ワイメア、信号がひとつしかない小さな町が、私の住んだ町。そこにTutu《トゥトゥ》ハウスがあった。Tutuとはおばあちゃんという意味のハワイ語。そこでは、ヨーガや気功や太極拳、マッサージ、整体、ハワイアンの精神性、フラカヒコ（古典フラ）、マインドフルネス、発酵食品の作り方、環境問題や平和の活動などのワークショップが毎日開催されている。すべて無料だ。ワークショップを提供する側もお金を徴収することはできない。

ここで、出会ったばかりの老女から「あなた、ヨーガのインストラクターにならない？」と声をかけられた。ヨーガはすでに長年続けていたが、インストラクターになるつもりはまるでなかった。しかしその不思議な老女の縁で、結局私はアメリカンヨガ連盟の認定インストラクターとなり、半年後にはTutuハウスで教え始めた。

●…ALOHAの教えに導かれたヨーガ

私の最初のクラスにきてくれたのは、八〇代から九〇代の超高齢者たち。膝が曲がらない、転倒して腰を打った、車いすから離れられない、メンタルがひどく落ち込んでいて自殺念慮がある方などを対象に、私のヨーガクラスは始まった。平日の午前中しか時間をもらえなかったからなのだが、そのことが私のヨーガクラスの方向性を決めることになった。

心身の不調に働きかけ、本来の生命力を引き出すエンパワメント・ヨーガ。ハワイ語では、その本来の生命力をMANAと呼ぶ。

教えることになってからは、どのようにヨーガクラスを構成するか、何をどう教えるか、高齢者たちがさまざまに訴える心身の不調にどう対応するか、私の頭と身体は寝ても覚めてもそのことでいっぱいになった。こうしてでき上がったのがアロハ・ヒーリング・ヨーガだった。

アンティ・パキによるアロハの詠唱に埋め込まれた、五つの叡智《えいち》に導かれて開発した。

ALOHA の AKAHAI《アカハイ》　優しく、思いやりあるヨーガ。比較と競争をしません。自分の体と心に優しいヨーガです。そのために自分の体の声を聴けるようになってください。いつも自分の内、呼吸と身体に意識を集中します。

LOKAHI《ローカヒ》　ユニティー、つながり。サンスクリット語の「YOGA」とはつながるという意味。「LOKAHI」と同義語です。自分が大地と天とつながる。

ʻOluʻolu《オルーオル》　誰もが幸せになるために生まれてきた。今を幸せに、明るい心を保持します。

Ha'aha'a《ハーアハア》　謙虚さ、大地と天、自然への謙虚さを忘れません。

Ahonui《アホヌイ》　いのちをケアするためには忍耐心と持続が不可欠。ヨーガと瞑想を毎日する持続の心。

このＡＬＯＨＡチャント詠唱で終わるアロハ・ヒーリング・ヨーガは以来、今日にいたるまで私の毎日に欠かせないものとなった。

実は私自身が日本での仕事のなかで心身の不調をきたしたために、ハワイに移住したのだったが、毎日のヨーガで私の健康はみるみる回復した。

●…ヨーガのギフトを日本の子どもたちに

ヨーガという四五〇〇年の人類の平和の叡智を日本の子どもに手渡すという新しいビジョンが私のなかで生まれた。

二〇一四年に日本に戻り、子どもに教えるアロハ・キッズ・ヨーガを開発し、虐待や家庭の事情などで家族と離れて暮らす、社会的養護（児童養護施設、児童心理治療施設、自立支援施設、里親など）の三歳から一八歳の子どもたちにすべて無料で教え始めた。

虐待のトラウマのある子、自閉症やＡＤＨＤのある子たちに、ヨーガは即効果を発揮した。

同じビジョンを分かち合える人々を増やすために、二〇一五年からアロハ・キッズ・ヨーガリーダー養成講座を横浜、関西、北海道などで開催してきた。すでに約二五〇人のアロハ・キッズ・ヨーガ認定リーダーが誕生し、各地でヨーガを教えている。児童養護施設、児童精神科病院、学校の特別支援教室、少年院など。こうした活動が認められて、アロハ・キッズ・ヨーガは二〇一六年度のアメリカンヨガ連盟の Youth Development Award を受賞した。

新型コロナパンデミックの始まりと同時に始めた週二回の無料ZOOMクラスは、今も休みなく続けている。男性も、高齢者も心身不調のある人もない人も、沖縄から北海道まで日本各地、他の国からも参加している。

私が直接教えるクラスだけでも、週に五日、一〇クラス。すべてのクラスは最後にアンティ・パキが残してくれた Oli Aloha を詠唱して終わる。

二〇二三年六月三日～四日、全国のアロハ・キッズ・ヨーガリーダーたちが二日間の合宿のため高野山に集った。高野山を開いた空海《くうかい》は、紀元前のインドで編纂された「ヨーガスートラ」を「瑜伽《ゆが》経」として日本に伝えたことで、日本のヨーガのルーツともいえる。一二〇〇年もの間、僧たちが修行を続けてきた根本大堂前で、私たちは朝日を全身に浴びながら、サンライズヨーガをした。樹齢五〇〇年以上の樹々に囲まれ、鳥がさえずりながら空をとびかっていた。

ヨーガとはつなぐという意味のサンスクリット語。座してゆっくり息を吐くとき、座骨から大地（ハワイ語でアイナ）につながり、息を吸うときは伸ばした背筋の先、頭頂から天（ハワイ語でラニ）につながる。私とは大地と天をつなぐ存在だ。その実にシンプルな身体感覚こそがヨーガ思想のエッセンスである。ヨーガの呼吸をしながら、自分の身体と思考と魂がつながる。太陽とつながる。樹々の木漏《こも》れ日とつながる。さえずる鳥とつながる。新しい人とつながる。

空海は土地の古い神様を大切にした。高野山を開いて最初に祀《まつ》ったのが日本の女神だった。空海が最も大切にした「理趣経《りしゅきょう》」では、森羅万象、草木国土悉皆《しっかい》成仏。いのちのすべてを受容しつなぐ。多様性とは人と人をつなぐこと。逆に差別や戦争は人と人のつながりを切ること。空海の思想は多様性そのものだ。

インダス文明のなかで生まれた平和の叡智ヨーガと、先住ハワイアンが伝え続けてきたALOHAスピリットが、今高野山の森林の冷気と溶け合ってつながる。私たちはいのちの多様性に感謝する唄をうたう。

4 先住民族の歴史的トラウマ――デニス・バンクスの娘の語り

●…デニス・バンクスを追悼して

タシーナ・レイマは、二〇一七年一〇月に八〇歳で精霊世界へ旅立ったアメリカン・インディアン運動のリーダー、デニス・バンクスの娘だ。彼女は夫とともにパインリッジ・インディアン居留地で子どもたちにラコタ語（ラコタ・インディアンの言語。一九九〇年のアメリカ映画「ダンス・ウィズ・ウルブス」でも使われている）で、ラコタの伝統と文化を教える学校を運営している。

彼女とは三〇年ぶりの再会だった。ニューヨーク州北部のカナダ国境に近いグラフトンという人口二〇〇〇人あまりの小さな町、かつてのモホーク族の聖地に建つ、ピースパゴダの二五周年セレモニーが二〇一八年一〇月六日に開かれ、世界の平和と人権のために祈る一〇〇人ほどの人々が参加した。私はその司会、タシーナは基調講演者だった。一九八九年にデニスと私の共著『聖なる魂―現代アメリカ・インディアン指導者の半生』（朝日新聞社、一九八九年、後に朝日文庫）が朝日ジャーナルノンフィクション大賞を受賞した夏、デニスと彼の家族と一緒に日本ツアーをした時以来だ。あの時、彼女はまだ中学生だった。

セレモニーではタシーナの基調講演に多くの人々が感動の涙を流した。

●…タシーナの語り

これからお話しすることは、私の家族の離別と和解と癒しです。誰でもそうですが、私の父もいくつもの顔を持つ人でした。AIM（アメリカン・インディアン運動）のリーダー・活動家として世界に知られるデニス・バンクス、友人からの電話には夜中でも応える親しみ深い友、同胞をどこまでも大切にするきょうだい、いつも新しいアイディアとプロジェクトを創造しているクリエイター、父親、祖父、そしてインディアン寄宿学校のサバイバー。

寄宿学校というアメリカ政府によるインディアンの文化的ジェノサイドの歴史を人々は知らされていません。そのトラウマの大きさを父の経験からお話ししましょう。

著者とデニス・バンクスさん

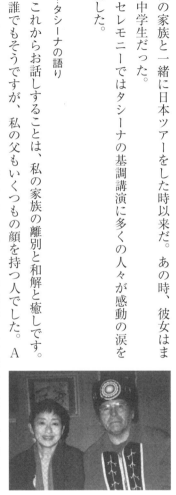

〈家族の離別―寄宿学校〉

寄宿学校政策によって起きた意図的かつ組織的な家族の分離は、おそらく今日にいたるまで最も「成功」した米国のインディアン政策だったと言えます。この政策はインディアン家族を分離し、破壊することを目的としました。私はその政策の産物です。父はその政策の直接の産物で、結果、私たちの家族の絆《きずな》は壊されたのです。

父は四歳の時に、母親と祖父母と一緒に住んでいたオジブエ居留地（オジブエ族は米五大湖西部に居住するインディアン。チペワ族とも呼ばれる）の家から引き離され、何百マイルも離れたパイプストーン寄宿学校へ兄と姉と一緒に送られました。ＢＩＡ（インディアン局）から子どもたちを寄宿学校へ送ることを告げる手紙を受け取った母親は、それを拒否することはできませんでした。

パイプストーン寄宿学校では、彼が唯一知っていた言葉オジブエ語を話すことは許されず、母語を口にした子は殴られました。長髪は刈り上げられ、ＤＤＴ（殺虫剤）を振り撒《ま》かれ、軍服のような制服を着せられました。規則だらけの厳しい環境で、規則を破ると殴打や、屈辱的な見せしめによる容赦ない懲罰があり、幼少の子どもの心はつぶされました。父は愛と優しさを知らずに育ったのです。

少し大きくなると、彼は学校から脱走を試みますが、遠くまで行けることはなく、捕まっては学校に連れ戻され、ひどい懲罰を受けました。脱走、連れ戻し、そして懲罰という自暴自棄な行動サイクルは、一五歳で脱走に成功するまで何度も繰り返されました。その後彼は、一六歳で空軍に入隊します。

寄宿学校政策は彼の家族・親族との絆を断ち切ることに成功しました。彼の母語を取り上げることに成功しました。彼の出自と文化を忘れさせることに成功しました。オジブエ族であること、インディアンであることを奪い、アイデンティティのない、ただのアメリカ人に仕立てることに成功しました。それこそが寄宿学校政策の目的、文化的ジェノサイド「インディアン性を殺し、人を残せ」だったのです。

〈和解〉

二〇〇六年に私は、父の母ベルタ・バンクスとパイプストーン学校管理者の手紙を発見しました。それらはベルタから息子のバンクスに宛てた、一〇通以上の封を切っていない手紙でした。またベルタと学校とのやり取りの手紙もあり、そのなかには五ドル札が入っていて、このお金で息子をバスに乗せて家に帰してほしいと要望しているものもありました。しかしデニスは病気で旅はできないと書いた手紙が学校から送られ、ベルタの要望が受け入れられることはありませんでした。

私はこれらの手紙をカンザスシティのナショナルアーカイブの寄宿学校の記録のなかに見

つけました。見つけた手紙を年代順に整理して、その晩に父に電話で読み上げました。そして、生まれて初めて私は父が大声で泣くのを聞いたのです。泣きながら彼は、母親が自分を寄宿学校に放棄したと思い込み、ずーっと憎んでいたことを激しく悔やみました。

私が手紙を電話で読んで聞かせるまで、彼は母親が手紙を送っていたことを知らなかったのです。パイプストーンに行って以来ずっと、母は自分を愛することを止めてしまったのだと思い込んでいたのです。母親が何度も彼に手を差し伸べ、家に連れ戻そうとしたことを知らずに、自分は母親を憎んだまま死なせてしまったことを悔やんで、父は泣き続けました。

これはアメリカ政府による犯罪です。他の何万人もの先住民の子どもたちに対してなされた犯罪です。文化的ジェノサイド。私たちの家族の強さと絆を切り壊す意図的な行為でした。母親からの手紙を父に渡さなかったのは親と子のつながりを切るためで、それは成功したのです。彼らが再び心のつながりを持つことはなかったからです。

〈癒し〉

父の最期の一二年間、驚くべき癒しと回復を目にすることができました。手紙の発見は父に大きな平安をもたらしました。彼のスピリットはついに癒されたのです。母親からの手紙は、彼の母への愛の心を取り戻させてくれました。幼児にして引き離された愛、手紙が隠されるたびに受け取ることを許されなかった母の愛。一度ではなく、二度ではなく、何度も何度も何年にもわたって。それはゆっくりとした残酷な、組織的な、少年の純粋なスピリットの破壊でした。

みなさんは「歴史的トラウマ」という概念をご存じだと思います。これこそが私たちインディアンコミュニティの最大の歴史的トラウマです。

〈歴史的トラウマ〉

歴史的トラウマは世界中の先住民にとって、そして私たちにとってもきわめて深刻なテーマです。それは激しい怒りと深い悲しみの感情を呼び覚まし、米国政府による暗黒の歴史を思い起こさせます。

私自身も自分の家で、この歴史的トラウマの影響下に生きています。寄宿学校に措置された父、幼少期に愛と優しさと慈しみを経験したことのなかった父を私は持ったのです。自分が父親になった時、家族の愛に包まれるという健康な子ども時代の体験がなかったために、父は親としてのスキルに欠けていました。そのために私の兄弟姉妹の何人もが健康な境界線を保てず、アルコールやドラッグ依存に陥っています。

〈負のサイクルを止める〉

私の二人の妹はアルコールとドラッグの依存症で、健康で安全な環境で子どもを育てることができないため、今私は自分の子どものほかに、彼女たちの子どもも三人育てています。

一五年前に私は父に手紙を書き、彼が私の望む父親でなかったことを許しました。私の成長をていねいに見守ってくれなかったことを許しました。そしてこれからは健康で愛し合う親子の関係を持とうと提案しました。その手紙を電話で読み上げた時、父は勇気を持って言ってくれてありがとうと感謝してくれました。そして私の提案を受け入れました。以来、私は父と美しい関係を持ち続けました。

一〇年前、彼は笑いながら言いました。「今や、父親とはどんなものなのかだけでなく、娘と親友の父親とはどんなものなのかがわかったよ。お前は最良の親友の一人だ」。

彼と私はどんなことでも、何時間でも話し続けることができました。何も話すことがなくてもただ一緒に座っているだけでも、大きな安心と心地よさを互いに感じていたのです。

彼は二〇一七年一〇月二九日にスピリット世界に旅立ちました。八〇歳でした。これ以上望みようのない豊かな一生でした。

リーチレイクのオジブエコミュニティの貧しい家の土床の上で生まれ、寄宿学校のひどい子ども時代を生き延び、先住民の人権のために闘い、インディアンのアイデンティティを取り戻す教育のために闘い、正義と平等のために闘い、破られた条約を認めさせるために闘い、先住民の伝統と文化と言語の再興のために闘い、大地がバランスとハーモニーを取り戻すために闘いました。

彼はずっと働き続けました。亡くなった時は本を書いていました。それはオジブエ戦士であることについての本でした。私たちは来る一一月一〇日にリーチレイクのパウアウで彼の一周忌を祈念します。

〈獄中からの発信〉

父が一九八四年一一月五日に刑務所の檻から発信した言葉を読んで、私の話を終えます。

「……我々は強くあるためにお互いに支え合うことが必要だ。互いに頼り合える時、自分のエネルギーと存在を差し出して、まるで輸血のように疲れた人をサポートできる。我々の愛と力をわかち合う行いがスピリチュアリティを伴った時、それは奇跡のように永続する効果を発揮する。それは正義を求める思いをふくらませ、達成目的に向けて我々をつなぐ。

我々の闘いはまだまだ続く。時には達成地点があまりに遠く見えることがある。しかし我々の揺らぐことのない意志があれば、人間が作り出したどのような困難をも乗り越えていくことができると信じている。それが我々の希望だ。それが我々の未来だ。

愛と祈りの内に

デニス・バンクス

一九八四年一一月四日」

●…木々の風に宿っていたデニスの霊

セレモニーは外で行われたため、タシーナのスピーチの間中、周りの木々が風でしなるたびに、そこにデニスのスピリットが降りてきている気がしてならなかったのは私だけではなかったと思う。

デニス・バンクスの寄宿学校での日々は、『聖なる魂―現代アメリカ・インディアン指導者の半生』(前出)の第二章に詳しく書いたので読んでほしい。母との別れの記憶、寄宿学校での過酷な日々、母との再会を、本のなかでデニスは、感情豊かに克明に語っている。

●…文化的ジェノサイドという過ち

先住民族の文化的ジェノサイドが児童福祉政策として、つい最近、一九七〇年代まで行われていたこと、そしてまた先住民族寄宿学校について、私は、その分野の専門家としての社会的責任からいくつかの著書で書いている。そのひとつから引用する。

「アメリカ、カナダ、オーストラリア、ニュージーランドなどの国々の児童福祉の歴史の最大の汚点は、先住民族への同化政策に基づいた寄宿学校制度でした。貧困にあえぐ居留地の先住民家族を説得して、(中略)子どもたちをはるか遠隔地の寄宿学校に入れさせ、それぞれの部族の言葉や祈りや服装や長髪を禁じたことによって子どもたちは家族、親族とのコミュニケーションを断絶させられ、根無し草となりました。一八七九年から一九七〇年代までの一〇〇年余りの間に先住民家族は千年、二千年と続いてきた言語を失い、儀式や伝統の継承を断絶させられる文化的ジェノサイド（虐殺）を経験したのです。児童福祉政策がその先鋒となったのでした。今日も続く先住民家族の歴史的トラウマは、自殺率の高さ、アルコール依存率、死亡率の高さ、貧困、犯罪などの社会問題を抱え続けることに大きく影響しています」（森田ゆり著『虐待・親にもケアを― 生きる力をとりもどすＭＹ ＴＲＥＥプログラム』築地書館、二〇一八年）

タシーナはこのセレモニーでスピーチをする前日に、ペンシルベニア州のカーライルで開かれた The National Native American Boarding School Healing Coalition の会議の写真を私に見せてくれた。カーライルといえば、アメリカの最初で最大のインディアン寄宿学校があったところだ。一八七九年に陸軍将軍ヘンリー・プラットによって設立されたその学校は、その後、各地のインディアン寄宿学校のモデルとなった。一九一八年に閉校するまでに、カーライルには一四〇部族からきた一万人以上の子どもがいた。

タシーナが見せてくれた写真は、寄宿学校滞在中に結核などの病気で死んだ子どもたちの墓地で、一八〇以上の墓が並んでいる。実際にはもっとずっと多くの子どもたちが死んだが、大半の遺体は親元に帰されたとのことだ。

●…現在に続くトラウマとそれへの賠償

カナダやニュージーランドでは、二一世紀の初め頃から、寄宿学校制度の同化政策が先住民に世代を超えた歴史的トラウマをもたらしたことを政府が認め、謝罪し、賠償し、その歴史を検証し、広く知らしめる国家的取り組みが展開されている。カナダで二〇〇八年から始まったその取り組みは、当時の政府を糾弾し、処罰を要求するのではなく、南アフリカのマンデラ元大統領らがとった「真実と和解の委員会」方式で行われてきた。

カナダでは約一五万人のファーストネーション（先住民のことをカナダではこう呼ぶ）の子どもたちが寄宿学校に入れられ、言語や文化を失い、およそ三二〇〇人が在校中に死亡した。この間、歴史検証が進み、おそらくその五～一〇倍の数の子どもが死んでいると推測されること、教師や職員による体罰、身体虐待、性的虐待が横行していたことなどが明らかにされている。トルドー首相は、一九一七年にイヌイット族の子どもたちを「文明化する」という教育福祉政策の下、一〇〇年余り続いたこの問題に対してカナダ政府が犯した罪を涙ながらに謝罪し、一人平均二万七〇〇〇ドルの補償金を支払った。

アメリカでも同じ動きを作っていこうという目的で、二〇二一年からNational Native

American Boarding School Healing Coalition がミネアポリスにセンターを置き、活動を始めた。

セレモニーのあと、タシーナは文化的ジェノサイドのサバイバーとしてのデニス・バンクスとその子どもにも及んだ歴史的トラウマについては今回初めて人前で話したこと、でもこれから何度でも話していくつもりだと私に語った。

加えて別れ際に、「私は一〇代のころ、父を訪れて世界中から来るたくさんの人たちがうっとうしくて、ずいぶんと冷淡な態度をとっていたでしょ。今思うと失礼なガキだったこと、申し訳なくて謝りたいと思っているの」とも言った。失礼な態度は私の記憶にはないけれど、今の彼女の誠実な言葉と、自分の子どもと妹の子ども六人を育てながらラコタ文化と言語の復興に全力を注ぐ彼女に、大地にどっしりと根を下ろしたパワフルな女性リーダーの姿を見て、デニスにガッツサインを送りたかった。

スピーチする
タシーナ・レイマさん
（撮影・George Cho）

III

子どもと暴力

1　泣く力・生きる力の回復

幼児を持つ親にとって、子どもに泣かれることは辛い。

「いつまで子どもを泣かせているんだ」と親戚の集まりで祖父から言われる。リーモートワーク中でパソコンの前にいる連れ合いが、「まいったな。泣き声がうるさくて仕事にならない」と苛立つ。

なんとかして泣きやませようと、気が急《せ》いてオロオロする。抱っこしてあやしたり、ミルクをあげたり、あれやこれやしても泣きやまないと、自分はダメな親だと周りから責められているように感じる。

万策尽きて泣き続ける子を抱えて外に出る。ホッとしたとたん、二人だけになると、いつまでも泣き続ける子に苛立ちと怒りが湧いてくる。怒りはさらに深い悲しみを伴ってくる。自分が子どもだった頃の、泣くことを許されなかった悲しみの原体験がうずく。

●…子どもが泣くことをきらう文化

子どもが「泣く」ことをきらう私たちの文化は、このようにして親に自信を失わせ、それがスイッチになって、子どもへの暴言暴力・虐待につながることが多い。

厚労省の子ども虐待死検証報告（二〇二二年）では、心中以外の方法で子どもを死にいたらせてしまった虐待動機として、「泣き止まないことにいらだった」は、「しつけのつもり」（九・七％）に次ぐ割合で、九・六％を占めていた。

「そのくらいのことで泣くな」「男の子なんだから泣くな」「強い子は泣かないぞ」といった言葉を一度も聞かないで育った人は少ないはずだ。男たちが特に子どもの泣き声が耐えられない理由も、子どもの頃言われたこれらの言葉がよみがえるからなのかもしれない。

しかし子どもにとって泣くことは最も大切な感情表現である。

私たちが過去二〇年間、児童相談所などで実施している虐待にいたってしまった親の回復のためのMY TREEペアレンツ・プログラムの父親版では、泣くワークを体験してもらう。

四歳の男子が、公園のブランコに向かって走っていき、転んでしまい、大泣きしている場面を想像してみよう。

その時の四歳の男子の感情はどんなだろう。

親であるあなたは、転んで泣いている息子にどんな声をかけるだろうか。

二人ずつペアになってシェアしてもらう。そして『気持ちの本』（森田ゆり著、童話館出版、二〇〇三年）を使って泣く力について話し合う。

子どもは大泣きすることで、次の三つのニーズを満たそうとしていると私は考えている。ニーズとは心理学用語で、健康な生命力維持のために不可欠な欲求のことである。

1．安心が脅かされた時の痛い、こわい、あるいは驚いた時の、感情表現ニーズ
2．ストレス（心身への負担）の解除と発散の、生理的ニーズ
3．共感してもらうことの、社会的ニーズ

転ぶという不測の事態に際し、心身の健康維持のため、子どもは大泣きすることでこれらのニーズを満たそうとする。自己回復力、レジリアンスはこのようにして発動する。

ところが、多くの親は、転んだ少年に、「がまん、がまん」「強い子は泣かない」「男の子は泣かない」などの言葉をかける。

しかし、それでは泣くという浄化機能を持つ自然な感情表現が抑えられてしまう。抑圧された感情は、苛立ちや鬱屈《うっくつ》感として体内に残る。

トラウマセラピーの基本は、大人の場合でも辛い体験を言葉にして、聞いてもらい、たくさん涙を流すことだ。「話して泣いてスッキリした」と俗に言うのは、このような浄化作用が働くからだ。

●…泣くことはレジリアンスの発動

脳性麻痺のAさんは、障害者運動の力強いリーダーの一人。子どもの頃は心理的身体的な不快感からくるさまざまな苛立ちや、対人間の傷つきに対して、いつも大泣きすることで対処していたと言う。「今思えば、あれは自己治癒作業だったのですね。それをさせてくれた母の賢い子育ての知恵に感謝します」とつけ加えた。

中学生のBくんは、学校でひどいいじめ・暴力にあった。教師に訴えても取りあってくれなかった日、帰り道で再びいじめ・暴力を受けた。家に帰るなり母親に泣いて訴えた。すると母は「泣いていい。もっと泣きな」と、彼をしっかりハグして長い時間、背中をさすって泣かせてくれたのだ。

「男なら泣くな」と子どもの頃から言われることで、心身の苦痛や恐怖体験への反応を抑圧してきた父親たちが培《つちか》った男らしさは、虚勢を張っているだけの見せかけの強さであることが多い。その強さとは自分より劣ると思える他者を探し出し、偽りの優位に甘んじる弱さにほかならない。妻や恋人や子どもに暴力をふるうのをやめられない男性は、泣くことを許されなかった子ども時代の感情麻痺を解除しないことには、回復につながらない。

誕生の時、ヒトはまず最初に「オギャー、オギャー」と泣く。泣くことは存在表明の原初的言語だ。

泣く子は弱いのではない。泣きたい時に泣ける子こそが強くなる。

泣く力とは「生きる力」の回復なのだから。

2　気持ちのワークショップ

人にはたくさんの気持ちがある。
うれしい、悲しい、くやしい、さびしい、しあわせ、こわい……。
人はいろんな気持ちになる。
どんな気持ちも、大切だよ。
いろんな気持ちをかいた、子どもたちの絵を見ながら、気持ちについて考えよう。

そんな語りかけで始まる拙著『気持ちの本』（童話館出版、二〇〇三年）は、一三万部印刷を重ねたロングセラー絵本で、初版二〇年後の今も新たな読者を増やしている。

●…気持ちを出せない子どもたち

一九九七年にカリフォルニアから日本に居を移してから、日本各地の小学校、中学校で子

どもたちと暴力について話し合うワークショップを続けるなかで、強く感じていたことがあった。それは、日本の子どもたちは気持ちを表現しない子が多いということ。八〇年代カリフォルニアでも同じように小中学校でワークショップをしていたので、その違いは歴然としていた。日本の子どもたちは、うれしい、楽しいの気持ちはともかく、腹が立つ、悲しい、つらいなどの気持ちはいけない気持ちで、口にしてはならないと考えているようだった。

しかし思えば、子どもだけでなく大人も気持ちの表現が少ないので「日本人は何を考えているのかわからない」という印象を海外で持たれているのもまた事実だ。

たしかに抑制された感情表現が日本文化の特徴である。俳句では感情の言葉を使わずに、それを季語に託《たく》して読者の共感を期待する。自然描写で感情を暗喩《あんゆ》する。西洋文芸にはない見事なアートである。

しかし日常会話のなかで、怒りなどの不快感情を言葉にしないで内に押し込めることは、誤解をもたらす。「言わなくたってわかるでしょ」「俺の背中を見て学べ」といった暗黙の期待は、裏切られることが多い。家族同士でも「言わなければ伝わらない」という前提で、率直に気持ちを言葉にして伝え合うことで、感情の確執を避けることができる。そのための技法を、アサーティブコミュニケーションと呼ぶ。

さらには、怒りや不安や恐れなどの感情を内にため込み続けると、蓄積したストレスは自分への攻撃、時には他者への攻撃行動に転化して、暴力を誘発する。

一九九八年から、阪神間の複数の小学校で「気持ちのワークショップ」を始めた。その五年間の実践から生まれたのが『気持ちの本』だ。

二時限（四五分×二）の図工の時間をもらい、各クラスごとに話し合いやロールプレイをする。最後の三〇分は、気持ちの絵を描く。

どんな気持ちでもいい。いろんな気持ちが同時にあることもあるから、いくつもの気持ちをひとつの絵にするのもいいよ。

ほめられてうれしい気持ち、ペットを抱いて幸せな気持ち、いじめられてこわい気持ち、むかついて腹が立った気持ち、泣きたい気持ち、お母さんが病気で悲しい気持ちなどなど。子どもたちが描いたたくさんの気持ちの絵から選び、許可を得たものを『気持ちの本』に載せた。

うれしい気持ちを言葉にして人と分かち合えると、うれしさは二倍になるよ。
怒りの気持ちを言葉にして人にわかってもらえると、怒りは半分にへるんだよ。
ほんとうだから、やってごらん

ただし、気持ちを聴いて受け止めてくれる人が必要。だから気持ちのワークショップではロールプレイをする。

本の反応は早かった。出版一カ月後に、引きこもりティーンの母親から手紙が届いた。「買ったばかりの『気持ちの本』をダイニングに置いたまま仕事に出て帰ってきたら、ひきこもりで不登校が続いていた高校生の息子が自分の部屋に持ち込んでいたようです。本を手にして部屋から出てきて『これ、よかったよ』とだけそっけなく言ってテーブルの上に置いてまた部屋へ戻りました。驚いたことに翌日、彼は半年ぶりに学校へ行ったのです。この本のどこがどのように彼の琴線《きんせん》に触れたのか、本人が語らないのでわかりませんが」。

しかしその後、似たような報告をいくつも受けるなかでわかってきた。表現を封じてきた感情を、「それもあなたの大切な気持ち」と受け止めてもらえたことが、不快な感情に縛られてきた自分の心と身体を解き放つことにつながったのだ。

『気持ちの本』を読んだことで子どもの引きこもりが終わってしまった、という感謝の報告は、その後も続いた。

「小学生の息子が一年前、突然学校に行きたくないと言いだし、理由を聞いても何も言わない」。そんな息子に困っていた母親が、職場の先輩が教えてくれた『気持ちの本』を息子と一緒に読んだ。


先生から「ウソをつくな」とげんこつをくらった。

「ぼくは、ウソなんかついていない」って、大声でいいたいのに、声がでない。

声をのみこんでしまう。声をだすと、泣いてしまいそうだ。

くやしくて、いかりで、はじけそうなぼくの心。


と、書いてあるページで、「この気持ち、僕と同じだ」と言い、なぜ学校へ行きたくないかを初めて話してくれた。入部したばかりの部活動の先生に、体調が悪くて休んだのに、サボったのだろうと疑われ、怒られたからだと。母は学校へ行き、その先生に息子の気持ちを伝えたところ、家まできて息子に謝ってくれたそうだ。「今、息子は元気に学校へ通い、部活動にも励んでいます。あの時『気持ちの本』に出会えなければ、息子は自分の気持ちを表現することができず、どうにもならなくなってしまうところでした」。


小学四年生女子からのこんな内容の手紙も届いた。

「気持ちの本を書いてくれてありがとう。

私の気持ちを聞いてください。

私は弟がねたましい。お父さんが弟にだけお土産買ってくる。

弟はずるい、うらやましい、ねたましい。

私は弟がねたましい。お母さんが、私ばかりおこるので、弟はずるい、うらやましい、ねたましい。

私は弟がねたましい。お母さんが、『お姉ちゃんだからガマンしなさい』って言う時、弟はずるい、うらやましい、ねたましい」

手紙は一〇項目の弟がねたましくなる事柄を書き連ねて、最後に、

「だから私は弟がねたましい。

気持ちを聞いてくれてありがとうございます」

と終わっていた。

「よかったね！」と言ってその子に拍手を送りたくなった。

ねたましいという、通常は表現を許されない気持ちを思いっきり書き連ねることでまず自分で受け止め、さらに私という特定の相手に向かって表現できた。そのことで、この子はその感情の呪縛から自分を解き放てたのにちがいない。

●…感情と理性の不可分な関係

「気持ちのワークショップ」を五年間実施し続けた結果として、『気持ちの本』を出版したのは、米国の神経生理学者アントニオ・ダマジオが一九九四年に発表した〝Descartes' Error〟（デカルトの誤謬《ごびゅう》）に触発されたからだった。『デカルトの誤謬』は世界の精神医学、臨床心理、教育分野でも大きな反響を呼んだ画期的な研究だった。当時カリフォルニア大学で、多様性研修に取り組んでいた仲間たちと読みあい、討論しあった。

日本ではその翻訳が『生存する脳―心と脳と身体の神秘』（田中三彦訳、講談社）というタイトルで二〇〇〇年になるまで出版されなかったため、私は『子どもと暴力―子どもたちと語るために』（岩波書店、一九九九年）の「一　心とからだの不思議」のなかで、ダマジオの〝Descartes' Error〟を次のように紹介した。

「物事を決定したり、問題を解決したりする時に、人間は理性をもって自分の行動を選択し実行すると一般には考えられてきた。そこにこそ人間の人間たるゆえんがあると言ったのが『我思考する、故に我あり』というデカルトの言葉だった。考える人間存在があってはじめて、自分をとりまくすべてが存在する。近代以来の合理的精神を象徴する言葉である。迷信や神話や情動の渦巻く時代を脱して、人間の理性と知性が感情を、自然を、時間を、世界を、宇宙をコントロールし、明るい未来を創造するとの合理性信仰の凱旋歌《がいせんか》とともに突き進んできたのが近代以来の人間の歴史だった。

しかしこの本でダマジオは人の行動選択を決定するのは理性だけではないという論説を提示した。脳神経生理学の多数の臨床例と動物実験と詳細な検討をもって、理性は感情の影響を受けなければ決断を下す力がないことを解き明かすその緻密な論調は神経生理学の素養がない者にとっても説得力を持っている」

「ダマジオによれば、たとえ理性的思考力や、蓄積された知力があっても、感情がなければ、行動選択をすることはできない、つまり理性は行動の可能性の選択肢を並べることはできるが、その中から行動を選ぶのは感情だというのである」

〈適切な行動選択を実行する理性の脳は感情の脳の協力なくしては機能できない〉と、情動と理性の不可分な相互関係を論じたダマジオのソマティック・マーカー論は、デカルト以来、西洋の認識論の基礎になってきた心身二元論を根底から覆《くつが》えしたパラダイムシフトだった。だからこそ、自然科学、精神医学、臨床心理、教育分野にも大きな衝撃をもたらしたのだ。

一九九四年のその発表以来、欧米では理性と情動と身体感覚の相互回路の不全としての暴力や、攻撃の行動選択に光が当てられるようになった。私はそれまで自分が考えてきた暴力と感情との関係が間違っていなかったのだと、ダマジオの研究に後押しされながら、「気持ちのワークショップ」を実施し続け、『気持ちの本』を出版した。

子ども読者を対象にした『気持ちの本』には、「おとなのあなたへ」というあとがきに、そのことを次のようにわかりやすく書いた。

「人は日々、さまざまな気持ち（感情）を抱いて生きています。悔しさ、悲しさ、嬉しさ、幸せな気持ちなど、感情は人の心の状態を知らせてくれるアンテナです。幸せな気持ちは、あなたの心が安心していることを知らせてくれます。怒りの気持ちは、あなたの心が傷ついていることを知らせてくれます。

感情は人間の行動様式だけでなく、理性にも重要な役割を果たしていることが、近年の脳の研究によって、明らかにされてきました。かつては、感情と理性は別個のものと考えられていたので、『あの人は感情的な人、この人は理性的な人』などと対立的なものとされてきたのですが、実は、感情は理性に大きな影響を与えていて、感情と理性は不可分につながっているのです。

理性を働かせるためには、自分の感情の理解が不可欠です。自分の感情を正直に見つめ適切に表現できることは、理性的でかつ情緒豊かな人間関係をつくる能力の基礎なのです」（『気持ちの本』三四頁より）

二〇〇三年から「『気持ちの本』を使った気持ちのワークショップ」養成講座を日本各地の教育委員会や民間団体に頼まれて実施してきた。気持ちについてのグループワークや、二人ずつのワーク、ロールプレイなどをして、最後に気持ちの絵を描く。

●…多様でリアルな子どもの絵

二〇一四年から児童養護施設や児童心理治療施設で治療的なアロハ・キッズ・ヨーガを教えているので、そのヨーガクラスの第一回目に「気持ちのワークショップ」を取り入れている。

児童養護施設などでは、ふつうの小学校でするのとは、子どもたちの反応が大きく違う。親との分離によるトラウマ、あるいは虐待のトラウマを抱える子が多い施設では、まず気持ちのワークをすることに壁を作る子たちがいる。「そんなことやりたくない！」と出ていく子、なにを聞いても「うんこの気持ち」「殺せの気持ち」「死ねの気持ち」と言って、自分の本当の気持ちを見まい、見せまいと防衛する子。

最後に描く気持ちの絵も、うんこばかりたくさん描いたり、死ね、殺せ、らんらんるーの言葉を書き連ねたりする子がいる。でも、それはそれでいい。感情の防衛はトラウマを抱える人にとって、大切な心的作業だ。自分の深い気持ちにアクセスする準備ができるまでは、安易に人に踏み込ませないようにしているのだから。

その時は突然にやってくることもあって、四五分クラスの大半はふざけていた小四男子が、最後の三分で、巨大なモンスターから脅《おど》されている蟻《あり》のように小さな自分を、大急ぎで描いたことがあった。

「これ、どんな気持ちを描いたの？」と私が聞くと、施設にくる前、義父からのひどい暴力を頻繁《ひんぱん》に受けていたことを初めて語った。施設職員も児童相談所のケースワーカーも知らなかったことだった。

いつもニコニコしている優等生の小二の女子が、クレパスを鷲摑《わしづか》みにして、画用紙真ん中に真っ赤な玉を塗りたくっていた。「これはどんな気持ちの絵？」と聞くと、

「怒ってる」

「誰に怒っているの？」

「自分に」と言いながら怒りの赤い玉の真ん中に小さな女の子を描いた。


今は苦しい気持ちだけれど、ヨーガを続けているので、少しずつ穏やかな心へ移ろうとしている希望の絵を描いた中学生女子もいた（これらの絵は拙著『体罰と戦争―人類の二つの不名誉な伝統』〔かもがわ出版、二〇一九年〕にカラーで掲載されている）。


心の中は目で見えない。

でも、心の中で起きていることを、気持ちがしらせてくれる。

しあわせな気持ちは、心の中が、安心していることを知らせてくれる。

いかりの気持ちは、心の中が、傷ついていることを知らせてくれる。（『気持ちの本』より）

だから、どんな気持ちも大切だ。その気持ちを言葉にしてみよう。

3　コロナ禍の子どもの安心

●…居場所がどこにもない

一六歳のYは、私が高槻駅前ビルで開催している無料のヒーリング・ヨーガクラスに時々きている女子高生だ。毎回暗い顔でクラスにくるのに、ヨーガを始めると顔つきが一変して明るくなる。終わると「ああ、気持ちいい。楽になったー」と目を輝かせる。

クラス終了後、時々話を聞いた。

亀のポーズができないのは、下剤を飲みすぎてお腹が痛くてならないからだと言った。摂食障害の食べ吐きが一年以上続いている。下剤の量がだんだん増えてきた。

「ヨーガ続けると下剤使わなくてすむようになるよ」と私。

子どものポーズで心身がリラックスすると、Yはボロボロとうれし涙を流した。

Yは小さい頃から母親から殴る蹴るの暴力を受けてきた。極端に身体が硬いのは、おそらく虐待のストレスが随意筋を硬直させている転換性障害だ。

母は、殴る蹴るは減ったが、言葉の暴力がひどくなった。「ブス」「嘘《うそ》つき」「根性悪い」「みにくい子」「産まなきゃよかった」。

児童相談所の介入で一時保護所にしばらくいたが、学校に通えない環境がいやで自分から家に帰ることを希望した。しかし家に戻ったとたんに新型コロナで全国一斉休校になってしまった。

学校が逃げ場だった。家に帰りたくないので公園や図書館で遅くまで過ごしていた。そのどれもができなくなって、自分の家で、母親と顔を合わせないように息を潜めているしかない。

「地獄だった」

そんななか、新型コロナに感染し、入院措置になった。

二週間の入院はどうだった？　と聞いた。

「天国でした！」

退院したくなかった。

完治して病院を出された時、もはや自分の居場所はどこにもないと絶望的になった。

しばらくヨーガクラスに来なかったYからLINEが届いた。家出したという。

「春休み。ウイークリーホテルにいます。もうすぐ女性のシェアハウスに移ります。バイトで結構稼いでる」

家出少女は性的搾取を狙う大人たちの格好のターゲットだから、優しい声をかけてくる人には要注意よ、と念を押した。

「大丈夫。私は男は全部無視するから」

「男とは限らないよ」

知人が運営するグループホームに入ってほしかった。しかし「児相も施設ももういい」。いやだという本人の意志は固かった。

「お金続くまで自立、やってみます」

そうか、それもいい。「困ったこと起きたら即座に連絡して」。

春休みが終わり初登校したその日に、学校に児童相談所のワーカーと母親がやってきて、家出したことを叱られ、家に戻された。

「やばい。家出がバレて、禁止されてるバイトしてたこともバレて、退学になるかも」とLINE。

「そうだったのか。残念だったね。自立経験、もう少し長くやれたらよかったのに」と返信。

Yは安心できる居場所がなくてさまようたくさんのティーンズの一人だ。コロナ禍で、彼ら彼女らはさまよう場すら奪われた。

●…強制性交等罪の改正

カナダのケベック州では、一六歳になったら親から自立できる法律がある。

私のヨーガ・インストラクター訓練師のステイシーは、年齢は四〇代前半と若かったが、成熟した先生だった。カナダ・ケベック州法の下で一六歳で合法的に家を出て自立した。「Emancipation」（自立）というケベック州の法律は、家庭裁判所判断で一六歳以上のティーンに、親から独立して、大人とほぼ同じ権利を行使する権限を与えるものだ。ステイシーによると、父親から母親への暴力が常習化していて、面前DV被害を受けていた彼女は、自ら家を出て独立することを決めた。「Emancipation」を裁判所が認定すれば、一六歳に達したティーンは親から自立できる。自分で署名できる公文書も多い。単独で社会保障も受けられる。

同時に、大人との性行為における同意年齢もケベック州では一六歳である。大人が一六歳以下の子どもとセックスをした場合、たとえそれが同意の上であっても、大人は性犯罪の罪に問われることになる。

日本ではそれが一三歳だ。一三歳以上の子どもに強制性交しても、その子がいやだと言わなかったならば、罪にはならないわけだ。九〇年代に私が仕事をしていたカリフォルニア州ではその年齢（「statutory rape」〔法定レイプ〕）は、一八歳だった。日本の一三歳の、あまりの年齢の低さに驚き怒り、その変更を二〇〇〇年の児童虐待防止法成立過程のなかで主張したが、当時は性的虐待の法的定義に関心を持つ人はなく、時期早尚。誰にも顧みられない主張だった。

日本には親権の縛りから逃れなければならないハイティーンが自立するための「Emancipation」のような法律の保護がないだけでなく、一三歳以上のティーンを大人の性的虐待から守る法律もなかった（二〇二三年にようやく強制性交罪の法改正によって、「不同意性交罪」へ罪名が変更になり、また法定レイプの年齢が一六歳に引き上げられた）。

●…パンデミックをオンライン・ヨーガで乗り越える

二〇二一年四月からZOOMで、無料ヨーガクラスを週に二回、朝一〇時に開催してきた。「緊急事態宣言が延長になり、家庭内のストレスが深刻化してきました。子どもたちがゲームやビデオ漬けになっています。運動不足で筋肉が弱り始めています。家族メンバーそれぞれのストレスがぶつかりやすくなっています。それらを解消する具体的なスキルをこの機会に身につけましょう。ストレスに対応する瞑想とボディワークを練習し、パンデミックを乗り越える力とスキルを身につけることができますように」

そんな願いを込めてメルマガとブログで発信して始めたヨーガクラスだった。

その後、ステイホームが解除になっても毎週二回のクラスは続き、今日にいたる。無料なのでいつ参加してもいい。心と身体に優しいヒーリング・ヨーガだ。対象は子どもと大人、シニアも、妊婦さんや身体的チャレンジのある人も椅子ヨーガで参加している。日本各地から、海外からも参加している。今は二〇〜三〇人ぐらいの参加人数で落ち着いているが、九〇人を超える回もあった。

クラス終了直後、ギャラリービューで参加者と対話する時間を持っている。初めて参加したという男性が言った。「今まで、僕は自分の体と喧嘩してきたことを感じて、驚いた」。「そのことに気づけたことはすごいですね。あとは仲直りしていくだけ」と返した。

●…子どもの言葉

小学五年生と三年生の姉妹は、学校が休校になってすぐの四月から再開するまで休むことなく毎回参加し、その後も土曜クラスに参加している。彼女たちにインタビューした。

私「二人は皆勤賞だね。ポーズも全部覚えて太陽礼拝も月礼拝もとってもいい」

姉「ゆり先生のホームページの動画で練習してきたけど、今はＺＯＯＭでライブで教えてもらえるからうれしい」

私「ずっとヨーガを続けてきて、どう？」

妹「運動とか好きじゃなかったし、運動神経もいいほうじゃないんだけど、今はヨーガでからだ動かすのが大好き。一番好きなのは、『アロハの唄』をハワイ語で歌うところ」

私「歌うヨーガの伝統はキルタンヨーガと言って、歌う瞑想なの。そういえば、いつも二人が思いっきり歌っているのを見て、他の大人参加者は、元気もらってるよ」

妹「学校でいやなこととかあっても、『アロハの唄』を歌うと私は元気になるの」

ヨーガとはサンスクリット語で「つながり」という意味。身体と心と思考と魂のつながり。大地と人と天のつながり。ヨーガのエッセンスは呼吸と背骨の二つだ。難しいポーズができるようになることではない。意識的な呼吸法と骨盤、背骨の調整こそがヨーガの真髄《しんずい》だ。

●…瞑想ヨーガがあれば大丈夫

瞑想ヨーガの起源は四五〇〇年前のインダス文明にあるという。四五〇〇年にわたって伝承されてきた人類のこの平和の叡智《えいち》を次世代への贈り物とすることを、二〇一四年から自分のミッションとして、オンラインでもオフラインでも無料クラスを実施してきた。児童養護施設、児童心理治療施設、自立支援施設、少年院でも、八〇〇人以上の子どもたち、職員たちに直接教えてきた。

虐待のトラウマや自閉傾向のある人にヨーガと瞑想が有効なことが、近年の欧米の脳研究といくつものエビデンスで明らかにされてきた。各施設で私たちが続けてきたヨーガクラスを大学研究者が五年間にわたり調査し、研究した結果からも、ヨーガが有意に効果をもたらしていることが明らかにされた（森田ゆり編著『トラウマと共に生きる―性暴力サバイバーと夫たち＋回復の最前線』築地書館、二〇二一年参照）。

Yは、今も時々オンラインのヨーガクラスに参加する。駅前の会場クラスにくることもある。終了後、話を聴いている。親から自立して暮らすことはできなかったが、あと一年だけがまんすれば、遠くの、他府県にある大学に入学することで、合法的に家を出られる。母との確執が高じても、瞑想ヨーガを始めると、固まった筋肉と関節がゆるみ、硬直した思考が水のようにサラサラと流れ出すという。

大丈夫。このまま瞑想ヨーガを毎日続けていけば、あと一年を耐える力をつけてくれるからね。さあ、ゆっくりと鼻から息を吐いて。肩の力がぬけるよ。

4 性加害する子どもの回復
――「MT TREE ジュニア・くすのきプログラム」

「僕は、性暴力被害者サバイバーなんでしょうか？」

Wさんの最初の言葉だった。Wさんは続けた。

「被害者はふつう女子じゃないですか。加害者はふつう、大人じゃないですか。僕の場合は小学五年の子ども・兄だったんです」

一五年前、カウンセリングを求めてこられたWさんは八歳の時、三歳年上の兄から性暴力を受けた。兄が都会の大学に入学して家を出るまでの七年間、それは断続的に続いた。

Wさんは、拙著『子どもへの性的虐待』（岩波新書、二〇〇八年）を読んで、相当な数の男子の性被害者がいること、子どもによる性加害を受けた人も多いことを初めて知って、連絡をくれた。

●…性加害を子ども時代でストップする

子どもに性的暴力をする加害者の約半分が子ども・ティーンズであるという統計的事実は注目されてこなかった。しかし、子どもへの性加害者の四〇〜六〇％が一八歳以下の男子であることを示す調査結果が、一九八〇年代から米国ではいくつも報告されている。

成人の性犯罪者の五〇％が最初の加害行動を一〇代で始めているという調査報告も広く知られている。また性加害者は一生の間に、平均して三八〇人の被害者を作り出す可能性があるとの調査報告もある（どちらもG.G.Abel,一九八四）。

ということは、一人の性暴力加害者がその加害行動をし始めたばかりの時に、特に子ども・ティーンズの時にストップすることができれば、三八〇人の被害者を出すことを防ぐことができるわけだ。性暴力被害者たちの壮絶な苦しみの人生に伴走してきた者としては、この費用対効果は抜群《ばつぐん》に高い。

そして性加害行動からの立ち直りは、それが常習的になってしまう前、ティーンズや子どもの時に回復プログラムにつなげることが最も効果的である。

二〇一四年から児童養護施設、児童心理治療施設、自立支援施設、少年院などで治療的な瞑想ヨーガを子どもたちに教えてきたが、その間、施設内での子ども同士の性暴力ケースの相談にのってきた。いずれも児童相談所が施設に措置した子たちだ。性暴力が発覚したあと、被害を受けた子どもの心のケアは提供されても、加害の子どもへの回復ケアはなされないまま、別の施設に措置変えになったり、家に帰されたりすることが続いていた。

二〇一九年四月に厚生労働省は、児童養護施設などに預けられている子ども間の性問題に関して、初めてとなる調査結果を発表した。児童養護施設や児童心理治療施設などの諸施設及び、児童相談所の一時保護所、里親などで、二〇一七年の一年間に起きた子ども同士の性的問題は七三二件（当事者の子どもは一三七一人）だった。

児童養護施設などの心理士や精神科医らが、生活のなかで子どもの回復ケアにあたることの必要性が明らかになった。その緊急のニーズに対応するため、二〇一七年に新しいプログラムを開発した。「ＭＹ ＴＲＥＥ ジュニア・くすのきプログラム—性暴力加害行動のある子どもとティーンズの回復」で、二〇回のセッションを、四一ページのワークブックで、一対一で行う。

施設や学校で子どもの性加害が見つかると、加害の子どもに反省文を書かせる先生が多い。しかし反省文は書かせないでほしい。少なくともこの時点では。

心からの反省は、回復へのていねいなケアがなされたあとでないと起きない。反省文を何度も書かせられている子は、コツを心得ていて、とても上手に書くので、大人はそれを読んで解決したと思ってしまう。

問題行動から回復するセラピーや心理教育をする上で最も大切なことは、本人が自分に正直になることだ。反省文は対社会に向けてのものだから、それを書かせることで、自分の内面を深く掘り下げることを妨げてしまう。

加害行動からの回復のために最も大切なことは、自分に正直に語り、自分の内側を見つめる作業である。

●…性加害の動機はイライラ・ムシャクシャ?

「ＭＹ ＴＲＥＥ ジュニア・くすのきプログラム」では、反省文ではなく怒りの仮面マインドマップ作りをする。

「怒りの仮面」は自傷や他者攻撃や癇癪《かんしゃく》を減らすためにも、とても効果のあるツールだ。教師、心理士、福祉士等の間で広く活用されている（一一〇ページを参照）。

心や体が傷ついたのに、その時の気持ちを誰にも話せず、話しても共感してもらえなかった人は、悔しくて、こわくて、不安な泣きたいような感情を抑圧している。認められなかった感情、表現を許されなかった感情は、人の心のなかの異物として行き場を失い、身体のなかをさまよい、自我形成に、人間関係の持ち方に深刻な影響を及ぼす。

一見「怒り」が引き起こしたように見える攻撃行動は仮面で、実はその裏にため込んでいる不快感情がもたらす「悲しみ」が刺激されて起きている。

その時の攻撃行動は自傷、自殺企図、酒や薬物や食べ物依存などの自分攻撃か、暴言暴力、体罰、性加害などの他者攻撃だ。怒りの仮面は「二次感情としての怒り」とも呼ばれている。

性加害をした時の自分の心理動機を「怒りの仮面」や「マインドマップ」などのツールを使って可視化していくと、多くの子が、性的欲求からではなく、ダメな自分を感じて、あるいは何をしてもうまくいかない無力感を発散させたくて、思い通りになる相手を選んで性加害をしていたことがわかる。その時の心理を彼らは「イライラ」していたと表現する。

大人の性加害者やDV加害者も同じだ。物事が思い通りにいかなくて、劣等意識にとらわれ、過去の心の痛みがうずく「イライラ」「ムシャクシャ」感を払拭したくて、自分より力の弱い相手を選んで、性暴力をふるい、あるいはパートナーを殴る。

二〇〇一年、大阪教育大学付属池田小学校襲撃事件の加害者・宅間守《たくままもる》もまた他者攻撃と自分攻撃（自殺企図）を繰り返すことで、子ども時代の屈辱と悲しみから逃げ続けた男だった。

父親が母親に暴力をふるうのを頻繁《ひんぱん》に目にして、恐怖や絶望の感情を内面に凍結させて生きてきた。自身も父親から厳しい体罰をしばしば受け、恐れ、不安、自責、悲しみをため込んでいた。その苦しい心理状態を、彼は公判で「ムシャクシャした」という表現でしばしば説明した（この事件の公判傍聴をベースにした筆者の論稿「ジェンダーと大量殺人～宅間守の場合」は、『体罰と戦争――人類の二つの不名誉な伝統』〔森田ゆり著、かもがわ出版、二〇一九年〕を参照）。

●…被害者の痛みケア

暴力加害者の回復は、この「イライラ」や「ムシャクシャ」を恐れずに見つめ、その人の過去の傷つき体験を癒すことから始まる。性加害をする子が、必ずしも過去に性被害を受けているわけではない。しかし何らかの複合的な傷つき体験（いじめ、体罰、ネグレクト、DV目撃など）のトラウマが根っこにあるので、そこから出発する。加害からの回復は被害体験から生じた痛みへのていねいなケアからしか生まれない。

児童養護施設の小学四年生のDくんは、同じ部屋の一歳年下の男子に性加害行動をしているところを職員に見つかった。

毎週の瞑想ヨーガクラスのほかに、彼には「くすのきプログラム」に週一回参加してもらうことにした。チェーンアナリシス（連鎖分析。問題行動の起きた文脈全体を可視化するツール）を使って彼の語りを引き出すなかで、かつて妹に性加害をしたこと、継父から体罰と性的虐待を受けていたことが明らかになった。

彼はプログラムの最初の一五分に組み込んだ瞑想とボディワークをいやがらず続けた。四カ月間、繰り返し続けることで、蓄積した不快感情を流し去る習慣ができたようだ。瞑想すると「イライラ」が減って楽になる、と言った。

木の絵を描くワークをした。上は最終回に描いた絵だ。「これは第一回目にきみが描いた木だけど」と下の絵を取り出して見せると、こう言った。

「あの頃は、どうでもよかったたな」

（森田ゆり編著『虐待・親にもケアを—生きる力をとりもどすMY TREEプログラム』築地書館、2018年より）

IV
虐待・DVに向き合って四〇年

1 怒りの仮面――傷ついた心の上に

●…二種類の怒り――健康な怒りと自他への攻撃に転ずる怒り

怒りの感情について考えてみよう。怒りには二つのタイプがある。ひとつは不正に対して腹を立てたり、不当な扱いや非礼に対してムッとしたりする誰でも抱く怒り。一次感情としての怒りで、健康で大切な感情だ。次頁のイラスト1の小学一年男子の絵は、このタイプの怒りを表現している。

「どんな気持ちを描いたの?」との私の質問に、「怒ってる。お母さんがピアノの練習しろってうるさい。やろうと思っている時に言うから腹が立って、耳から煙が出る」と答えた。顔を真っ赤にして怒っていて、たしかに耳から煙が出ている。空では太陽も一緒に怒ってくれている。気持ちのよいほどストレートな直球型の怒りが伝

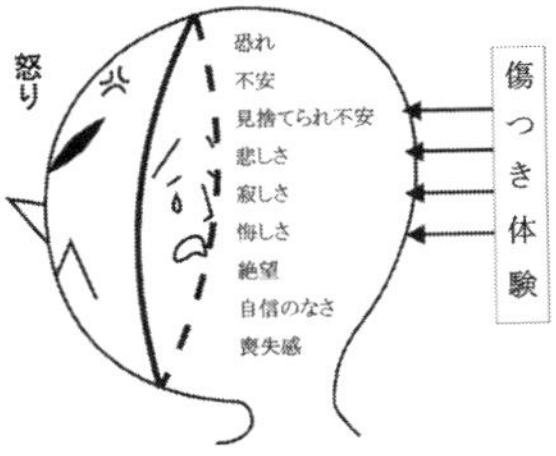

怒りの仮面
(森田ゆり『新・子どもの虐待』岩波ブックレットより)

わってくる。

もうひとつのタイプは、イラスト２の小学四年男子が描いた絵に表されるような二次感情としての怒りだ。「どんな気持ちを描いたの？」と聞いた私に「キレそう」と答えた。怒り心頭に発してキレそうなのに、涙も流している絵。このタイプの怒りの感情の背後には、深い悲しみや痛みや不安の感情が渦巻いている。複雑な感情だ。怒りはいわば不安と悲しみの上にかぶった仮面なのである。

前頁に掲げた「怒りの仮面」は、このタイプの怒りを可視化するツールである。

妻や恋人を殴ったり蹴ったり、果ては刺し殺してしまった男たちの犯罪がしばしば報道されるが、その男たちの恐ろしい形相は、実は仮面だ。子どもへの体罰をやめられない親のひきつった顔は仮面だ。わけもなく人をぶつ、きらわれ者の子どもの顔は仮面だ。だからその怒りの仮面をちょっとずらして裏側をのぞいてみてほしい。そこには、さびしさ、不安、恐れ、自信

イラスト１

イラスト２

（いずれも『気持ちの本』より）

のなさ、劣等感、見捨てられ不安などのさまざまな悲しみと痛みの感情が詰まっている。実は、これらの感情こそが、自傷行為や他者攻撃を引き起こしている。これら裏の感情は、子ども時代にいじめ、性暴力、虐待などの人としての尊厳を深く傷つけられる被害体験から発しているることが多い。長年にわたって抑圧され感じないようにしてきた、この裏の感情のケアなしには、仮面をかぶってする自他への攻撃行動はなくならない。

虐待、体罰を繰り返す親は、「あの子が私を怒らせる」とよく言う。しかし本当は、子どもの言動が親の「怒り」を刺激したのではなく、親の「仮面の裏側のさまざまな感情」を刺激したのだ。

ドメスティック・バイオレンスの加害者も、この同じ心理構造でつれあいや恋人を虐待する。「お前が俺を怒らすからいけない」と思っている限り、攻撃行動を繰り返してしまう自分の怒りの仮面の裏に隠れている抑圧された感情に向き合うことはない。

仮面の裏側の感情に向き合うのは勇気がいることだが、そのことなしに虐待や体罰をしてしまう自分を変えることはできない。虐待にいたってしまった親の回復プログラムMY TREEで、親たちは「怒りの仮面」のツールを使って、仮面の裏の感情（ニーズ）に気づき、見つめ、語り、涙する。多くの参加者がこのセッションで大きな変化の一歩を踏み出す。

「一番心に残っているのは〝怒りの仮面〟のワーク。本当に辛かったけど、でも逃げたらあかん、また同じことの繰り返しになると思って、頑張った」と書いた母親は、自由奔放に行動する娘を見るとイライラして、怒りが噴出し、叩いてしまう自分を嫌悪していた。彼女の怒りの仮面の裏には、子ども時代に親から厳しく行動を制限され、怒られ叩かれたトラウマがうずいていた。自分には許されなかった生を謳歌《おうか》している娘に嫉妬《しっと》していることに気づいた時から急速に彼女の変化が始まった。「傷ついたままの内なる子どもの私が『おまえはずるい』と娘をねたんでいたんです」。

「怒りの仮面の裏側には、本当の気持ちが隠されている。子どもが怒っている時は何かを訴えている時で、それはどんな気持ちか考えるようにしています」（別の親の言葉）

「怒りはいけない気持ちと思っていましたが、怒りは大事な気持ちでとても複雑な気持ちで、一つひとつを誰かに話せた時、怒りの爆発はなくなったように思います」（別の親の言葉）

「怒りの仮面」は二〇〇一年にMY TREEプログラムのために考案した。以来筆者の著書『ドメスティック・バイオレンス―愛が暴力に変わるとき』（小学館、二〇〇一年）、『しつけと体罰―子どもの内なる力を育てる道すじ』（童話館、二〇〇三年）『体罰と戦争―人類のふたつの不名誉な伝統』（かもがわ出版、二〇一九年）などのなかで繰り返し提唱してきた。

怒りの仮面を考案した背景には、米国の神経生理学者アントニオ・ダマジオが一九九四年に〝Descartes' Error〟（最初の邦訳は『生存する脳―心と脳と身体の神秘』田中三彦訳、講談社。その後、『デカルトの誤り―情動、理性、人間の脳』田中三彦訳、ちくま学芸文庫、二〇一〇年）を発表し、〈適切な行動選択を実行する理性の脳は情動の脳の協力なくしては機能できない〉ことを神経生理学の臨床研究から解明したことに、当時まだカリフォルニア大学の研究員だった頃の私が衝撃を受けたことがある。これはデカルト以来の西洋の認識論の基礎になってきた心身二元論を根底から覆すもので、自然科学のみならず、精神医学、臨床心理、教育分野にも大きな影響をもたらした。

以来、理性と情動と身体感覚の相互回路の不全としての暴力や攻撃の行動選択に光が当てられ、多くの研究が報告されてきた。

●…子どもたちの怒りの絵

児童養護施設や児童心理治療施設の子どもたちが描いてくれた怒りの絵を紹介しよう。

その子は赤クレパスを握るなり、画用紙の真ん中に力いっぱい、一心に赤を塗り続けた。でも、真ん中に自分の顔を描くスペースはちゃんと空けて。「どんな気持ちを描いたの？」

と聞くと、「怒ってる」。「誰に?」「自分に」。いつも穏やかでニコニコして、職員をよく手伝い、他の子にも優しい小二の女子。二歳の時から施設で暮らしている。こんな激しい怒りを内に秘めていたんだ。絵に描けてよかったね。「先生にこの絵あげる」とさらりと言った。

胸の前で血だらけのナイフを持つ小五男子の絵。「どんな気持ちを描いたの?」と聞くと、「死ね!　っていう気持ち」と答えた。「死ねって、どんな気持ち?」とさらに聞くと、こわかったいじめ被害の出来事を話してくれた。

●…ほほえみ仮面

感情とジェンダーは不可分に結びついている。

男性は、少年の頃から、泣いたり、怯《おび》えたりする感情表現を社会から良しとされてこなかった。「男の子だから泣かない」「男なら泣きごとを言うな」と言われたことのない男性は少ない。しかし男性・男子に許されている感情がある。怒りだ。男性が怒りをあらわにすることは容認されてきた。一家の主人たる父が、時には雷が落ちるように怒りをぶつけることは許容されてきた。

　一方で、女性が怒りを表現することを社会はきらってきた。怒る女はヒステリーと呼ばれてきらわれてきた。そして、女性はいやなことがあっても粘り強く耐えて、いつもにこやかに人の世話をしてほしいと期待されてきた。

　夫からの暴力を受けている女性たち、子どもを虐待してしまった母親たちの相談を受けるなかで、彼女たちの多くが、怒りの仮面の上にもうひとつの仮面をつけていることに気がついた。それをほほえみ仮面と名づけた（下の図を参照）。

　相手に怒っているのに、それを言動に表さず、顔はほほえんでしまう。不安や恐怖を抱えていても、人前ではにこやかにほほえんでいる。それが常態化していると、怒りの対象がわからなくなり、迷走し、自分や子どもにぶつけてしまうことになる。

　そのような人には、時々、「怒りは天からあなたへの贈り物ですよ」と言って、ほほえみ仮面の下の怒りに気づいてもらう。

　怒りは自分が傷つけられたことを知らせてくれるアンテナだ。怒りは自分にとって何が大切かを教えてくれる感情なのである。

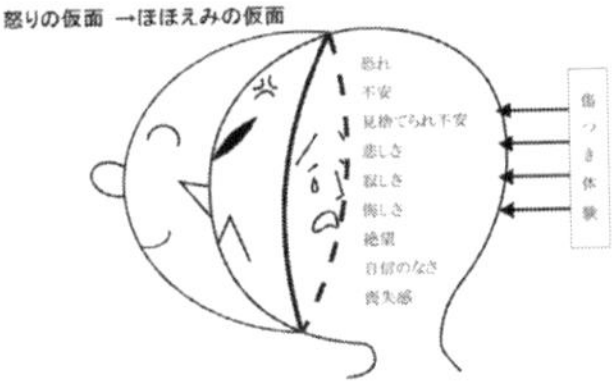

ほほえみ仮面（森田ゆり『ドメスティック・バイオレンス—愛が暴力に変わるとき』小学館より）

2　女性と子どもへの暴力は終わらないパンデミック

二〇二三年春、コロナパンデミックが収束しつつある。

新型コロナ（COVID-19）のパンデミック（世界的蔓延《まんえん》。公衆衛生用語）が始まってまもなくの二〇二〇年五月に、オンラインでロンドンの民間団体から依頼されて講演をした。英国、日本、米国から約二〇〇人が参加していた。

依頼された講演のテーマは「パンデミック下の家庭内暴力」。

その頃、世界中で学校閉鎖が広がり、リモート出勤が増えるなかで、WHO（世界保健機関）は、家庭内での女性と子どもへの暴力が増えることを予想して「シャドー・パンデミック」と呼んで警告を出していた。コロナ蔓延によって付随的に引き起こされる問題という意味だ。

ロンドン講演での私の主張は、女性と子どもへの暴力、とりわけDVとSA（Sexual Assault 性虐待）はコロナのシャドー・パンデミックではない、シャドーではなく、コロナ蔓延のはるか以前から、それ自体でパンデミック状況であるという認識を広めることだった。

有史以来、女性と子どもが家庭内でしつけの名で暴力を受けることは、世界の多くの社会で当たり前のこととして行われてきた。英国や米国社会で今も使われる慣用句の「親指のルール」（おおまかなやりかた）は、「妻を懲罰する棒はおおまか親指の太さぐらい」という決まりに由来している。

それが許されざることだと認識され始めたのは、ほんの五〇年前のことだ。一九七〇年代に、女性たちが声をあげた。

一九八〇年代にはDVや性虐待の発生頻度が驚異的なものであることが明らかになり、親密な関係における暴力が公衆衛生の重大な脅威だと認識されるようになった。

以下は、政府、公的機関の調査による発生頻度数値である（傍線筆者）。

・日本の女性の二一人に一人がいのちの危険を感じるほどの暴力を配偶者から受けた。（内閣府、二〇一九年）

・世界の女性の三人に一人が夫から暴力を受けている（WHO）。日本の内閣府発表も同じ数。

・性暴力の場合は、世界では三人に一人の女子、六人に一人の男子が被害にあっている。（D・フィンケルホー等による大規模調査。性暴力の世界的研究で頻繁に引用される）

・日本の性被害は、女子二・五人に一人、男子は一〇人に一人が一八歳までに痴漢やヌード写真撮影を含む何らかの性暴力を受けている。（日本性科学情報センター「子どもと家族の心と健康調査報告書」）

■日本の新型コロナの感染者数は四九九万四三八七人、総人口比は四％で二五人に一人。死亡率は〇・三一％で三三三人に一人。（厚生労働省、二〇二三年三月一一日）

新型コロナの感染者二五人に対してDVやSAはほぼ三人に一人が被害を受けている。DVやSAが、新型コロナよりはるかに多い被害者を出している深刻な社会問題でありながら、どれだけ軽視されているかがよくわかる統計数値ではないだろうか。

パンデミック以来ニュースに頻繁《ひんぱん》に登場するために、日本でも知られるようになったCDC（米国連邦疾病対策センター）の約三〇年前の公衆衛生長官クー博士は、一九九二年に「DVは公衆衛生の最重要課題である」と宣言した。これは画期的なことだった。その結果、DV被害者支援のための多大な予算がつき、法整備が進み、現場の私たちにとって大きな前進となった。以来、私はDVとSAを公衆衛生の最重要課題と位置づけて、米国と日本で研修を続けてきた。

●…二つの明確な根拠

以下、ＤＶとＳＡが公衆衛生の最重要課題であることの根拠をあげる。

根拠１　健康医療上の深刻な実態

日本では、妻に対する配偶者殺人は、三〜四日に一人の割合で起きている（警察庁、二〇一五年）。この一カ月間のマスコミ報道を注意してみただけでも、夫による妻や恋人への暴力殺人事件は数件になる。

ＣＤＣによる画期的な大規模調査「小児期逆境体験研究　ＡＣＥ（Adverse Childhood Experiences）」（一九九八年）は、子ども時代の性的、身体的虐待の被害がその後の人生の健康を左右する最大の要因であることを明らかにした。子ども時代の一〇の逆境体験のうち、人生に長期的影響（肥満、喫煙、仕事能力、寿命その他）を最も与えたものは、性的虐待（女二八％　男一六％）、身体的虐待（二八％）、家族の酒・薬物依存（二七％）、実の父母との離別（二三％）となっている。

根拠２　ＤＶもＳＡ（性暴力）も公衆への予防啓発の徹底によって、発生件数を減らせる

新型コロナパンデミックへの最も効果的な対策が、マスクをし、ソーシャルディスタンスをとるなどの公衆予防を徹底させることであるように、ＤＶや虐待を減らすためには、すべての人の考えと行動の変化こそが重要。加えて、議員や行政担当者、裁判所職員、警察検察

職員らへの研修はもっと重要視されなければならない。

日本では、児童虐待防止法とＤＶ防止法が制定されてまだ二〇年余り。予防を徹底させるための制度作りや防止啓発教育への取り組みや国家予算は、国際的にもあまりに不十分だ。

にもかかわらずバックラッシュばかりが活発になっている。「えん罪ＤＶ」「妻による子の連れ去り」等々。こうした事件が起きていることを否《いな》むものではない。しかしそれがあたかも高頻度で起きているかのような報道や発言は、ＤＶやＳＡをなくす五〇年の世界的取り組みを無に帰してしまう。

新型コロナパンデミックは、近々収束するのだろう。しかし、女性と子どもへの家庭内暴力のパンデミックは、来年も五年後も一〇年後も終息しないだろう。このコロナ禍より深刻なパンデミック終息のために、国や自治体は、しっかりとした予算を伴う対策をとることが不可欠だ。そして、一人ひとりが、なにができるかを考えてほしい。

3 「小児性愛」という翻訳語を死語に

「ペドファイル（Pedophile）とは、精神医学用語の診断名で、『小児性愛者』と日本語訳されている。この訳語は新しい言葉に書き換えられる必要がある。

彼らの行為には『愛』も『性愛』もない。あるのは『暴力』であり『性虐待』である」という書き出しで、一五年以上前に拙著『子どもへの性的虐待』（岩波新書、二〇〇八年）に「小児性愛という欺瞞《ぎまん》」という章を設けて論じた。

精神医療の診断マニュアルとして日本でも広く使われているDSM-5の翻訳語のガイドラインが、二〇一四年に日本精神神経学会によって出版されている。残念なことにそこでは、「Pedophilic Disorder」は「小児性愛障害」とされ、従来とほとんど同じ訳語を使い、変更がなされていない。他のParaphilia（性的偏執症）に関しては、「パラフィリア」と英語をカタカナにして訳語としたのに、なぜペドフィリアとカタカナを使わずに「小児性愛」という日本語を使い続けるのだろう。

Pedophilia の Pedo（ペド）は小児という意味。Philia（フィリア）とは偏執という意味だ。日本精神神経学会の翻訳ガイドにはないが、Necrophilia は死体（Necro）偏執（Philia）とは言っても死体性愛とはふつうは訳さない。Zoophilia は動物偏執で、動物性愛とは訳さない。ならば、Pedophilia を小児性愛と訳す根拠はなんだろう。

●…なぜ「性愛」とするのか

「小児性愛障害者」ではなく、「小児性虐待者」または「小児性加害者」の訳語こそがペドファイルの実の姿だ。ペドファイルとは、子どもを性的欲求の対象にして加害行為をする人である。

このことは単に訳語の好みの問題ではなく、子どもへの性虐待をなくすための重要なポイントであることを主張してきた。このテーマにかかわるスタンスをどこに置くのか、加害者の立場を許容するのか、あるいは被害者に寄り添うのかの問題である。

四〇年以上性暴力被害者の支援やセラピーに携わってきて、この用語が多くの日本の性暴力被害者を深く傷つけていることを何度も見てきた。

「小児性愛者」の翻訳語はやめてほしいと公の場で主張し続けてきたが、精神医療分野の方たちの真摯《しんし》な協力がないと変化は起きないようだ。

ずいぶん前に、ある月刊誌から子どもの性虐待について原稿を頼まれたが、目次を見ると「小児性愛」という特集タイトルだった。そのタイトルは変えてほしいと編集長に申し出たが、精神医療用語なので変えられないと断られ、それならと、私も執筆を断った。

彼らに共通する特徴を外見に見出すことは難しく、唯一挙げられるのは、その大半が男性だということである。結婚し家庭を持つ者もいれば独身者もいる。多くは異性愛者だが、女子だけを対象にする者、男子だけを対象にする者、どちらも対象にする者もいる。一人のペドファイルが一〇〇人、二〇〇人、時には五〇〇人もの被害者を出すこともある。

●…それは愛ではなく暴力

Sさん（当時三三歳）は、二〇年ほど前に私のセラピーを受けた人だが、彼女の証言は、「小児性愛」という訳語がもたらす害の深刻さを示している。

子ども時代に路上で見知らぬ男から性暴力を受けたSさんは、約二〇年間、そのトラウマに苦しめられてきた。彼女の両手は自傷の痕《あと》だらけだった。

押し倒され、性器に指を入れられ、「やめてください」と言う一〇歳のSさんに男は、「愛してる」「愛してる」と言いながら行為を続けた。

「『愛してる』って？　この人は一体何を言っているのだ。『愛し』ていたら、こんなことしない！　『愛』じゃない！」。そう思った一〇歳の時の混乱を、Sさんは忘れることができない。

深刻な心身の症状を呈しながら生きていく苦しみの人生のなかで彼女を呪縛し続けたのは、この「愛している」という言葉だった。彼女の回復はまさにこの呪縛の封印を解くセラピーをしたことによって大きく進んだ。

子どもに対する性的行為は、それが路上で起きようが、家庭内で起きようが、強要の言葉が「愛してる」の猫なで声であろうが、「やらせろ」の脅しの声であろうが、例外なく「性愛」ではなく性暴力である。

日本の電車通学の小、中、高校生が痴漢にあう確率は驚くべき高さで、痴漢にあったことのない女子がいるのかと思うほどだ。私が相談にのった痴漢被害にあった人の何人もが、触《さわ》られると同時に「愛している」と耳元でささやかれていた。

「愛」という言葉を、恐怖といやらしさの不快感として最初に体験してしまった被害者の子どもたちが、健康なセクシュアリティや身体感覚を取り戻すために苦しみ続けることをご存じだろうか。被害を受けた子どもたちは、愛という人生における最も美しく感動的な事柄を汚染されて、混乱させられてしまったのだ。

●…ペドファイルも性の多様性？

子どもの性虐待をテーマにしたある公開講座で講演をしたあと、一人の女性が手をあげて発言した。

「子どもに性加害をした人たちも、かわいそうですね」

「どういう意味でかわいそうなのですか」と私は聞いた。

「だって、子どもしか愛せない病気なんでしょ。小児性愛者って呼ばれていますから。愛を表現しようとして、逮捕されてしまうんですから」

暴力を「愛」と訳すから、こういう誤解が生じてしまう。

愛ではなく暴力。愛ではなく暴力。愛ではなく暴力なのです。

愛とは、尊重と慈《いつく》しみをもって相手との相互交流をわかち合うこと。

暴力とは、相手を腕力や権力や嘘《うそ》やだましによって思うとおりに従わせる「暴れる力」。

別の人がこう質問した。

「同性愛者が異性を愛するようには矯正できないんですから、小児性愛者を大人を愛するようには矯正できないですよね」

私はその質問の無知さに驚愕し、怒りすら覚えたが、なんとか冷静さを保って言った。
「同性愛者とペドファイルを対比させることに無理があるんじゃないですか。同性愛とは同性同士のカップルの尊重と思いやりの愛をベースにした関係性のことです。でもペドフィリアには尊重も愛もなく、一方的な支配と暴力があるだけです。ペドファイルが自分の性的欲求の権利を主張することによって、子どもたちとその家族が安心して生きる人権が奪われます。子どもたちの健康な人生が奪われます。小児性愛という訳語は誤訳です。
この国の精神医療の学界は、被害者に多大なダメージを与え続けている誤訳を一刻も早く訂正してください」

ＬＧＢＴＱの権利主張が認められる世界潮流のなかで、ペドファイルたちも性的マイノリティとして偏見と差別を受けている、ペドフィリアは性の多様性のひとつであると、本気で主張する人たちの声が欧米では増えてきた。そんなバカげた論考が日本に上陸する前に、「小児性愛」という日本語の使用をやめてほしい。

ペドファイルは互いに尊重し合う思いやりと愛をベースにした性関係を持つことができない人たちである。だから彼らは抵抗できない子どもをターゲットにして性という武器を使って相手の心と身体を思い通りに蹂躙《じゅうりん》する。それを「あんまりかわいかったから」、「いやだと言わなかったから」、「好きになってしまったから」、「愛しているから」と自己合理化する。この自己合理化をやめない限り、彼らは更生回復の出発点に立つことすらできない。

彼らは子どもに簡単にアクセスできる職業や活動を選ぶことが多く、子どもの関心を引く話術に長《た》けている。子どもたちをだまし、脅し、手なづけ、はずかしめ、そして性行為を強いる。その手なづけの巧妙な手口は、世界共通だ。またその手口を共有しあう国際的なペドファイルの情報交換ネットワークは、インターネットの活用によって急速に拡大している。

幼児期から児童ポルノに出させられてきて深刻なDID（解離性同一性障害）を発症した日本の性虐待サバイバーの相談にのったことをきっかけに、児童ポルノ産業や児童トラフィッキング組織の存在をリアルに垣間見るようになった。ペドファイル組織とも交差するこれら子どもとティーンを餌食《えじき》にする者たちの財力と組織力の大きさは驚くばかりである。

ネット利用の低年齢化に合わせて勢力を拡大するペドファイルたちに、自分たちは子どもを愛してやまないために社会から後ろ指さされるかわいそうな性的マイノリティだと自認させる、「小児性愛障害」という翻訳語の使用は今すぐやめよう。

4 アリス・ミラーの虚像と事実

アリス・ミラー（一九二三〜二〇一〇年）といえば、体罰や虐待で傷つく子どもの発達心理を四〇年前に理論化した子どもの人権擁護の大御所《おおごしょ》である。

一九七七年から八〇年代初頭に『才能ある子のドラマ』『魂の殺人』などを次々と出版し、いずれも世界的ベストセラーとなった。

私は一九七八年から米国で性暴力に抗議する運動にかかわっていたことから、子ども虐待分野で仕事をするようになった。ちょうど同じ頃にミラーの本が出版され、その鋭い分析に感銘を受け、彼女は私のメンター（「尊敬する先達」の意）となった。

●…戦争トラウマの現実

そのアリス・ミラーが、夫と二人で息子を虐待していたというのだ。息子マルティン・ミラーが親による虐待を明らかにした本をドイツ語で二〇一五年に出版したとネット上で知った時は、まさか、とそのニュースを真に受けなかった。しかし二〇一八年にその英語版『真の「才能ある子のドラマ」～アリス・ミラーの虚像と事実～』（邦訳なし）が出版されたので読み、衝撃を受けた。

当時七〇歳のスイス在住の心理療法家マルティン・ミラーは決して暴露本を書いたのではなかった。母の虐待的行動のルーツを、彼女の戦争トラウマに見出し、戦争と体罰・虐待・DVの深いつながりの一例証を明らかにしたのである。

私は『体罰と戦争―人類のふたつの不名誉な伝統』（かもがわ出版、二〇一九年）で、この二つの暴力の関係を世に問うた。そのなかでヒトラーの暴力性の由来を、彼の子ども時代の体罰被害から分析したアリス・ミラーの論文も引用した。さらに、ヒトラーを熱狂的に支持したドイツ人大衆の行動のルーツにも、体罰・虐待という子ども時代の屈辱と喪失体験があるという彼女の分析にも賛同しているので、強い関心を持ってこの本を読んだ。

マルティンは虐待の苦悩をアリス宛の手紙で書いている。生まれてすぐに知人の家に預けられるが、その理由をアリスは、両親ともに博士論文を書かねばならず、新生児を育てるゆとりがなかったと説明していた。預けられた家でマルティンが疎《うと》まれていることを察知した叔母がマルティンをその後、七カ月間引き取ったが、アリスは滅多に訪れることはなかったと叔母は言う。

　その後長い間、マルティンは父親の暴力に晒《さら》されて育つ。父の体に少しでも触れると「ホモ野郎！」と怒鳴られた。それを母が止めたことはなかった。毎朝シャワーを父親と浴びることを強いられ、それは性虐待もどきだったが、母親は止めなかった。

　一九九四年に四四歳のマルティンはアリス宛の手紙のなかで、父親からの虐待をアリスに訴えたのに守ってもらえなかった絶望とさびしさを書いた。

　その同じ一九九四年に、アリス・ミラーは『才能ある子のドラマ』の新版の謝辞に謎めいた一文を残している。「最後に私の息子マルティン・ミラーに対する感謝の念を表明しておきたいと思います。マルティンは、率直に、妥協することなく、明確な意識をもって、私の内部の障害に対して私が眼を開くよう、助けてくれました。私は長い間それを見る勇気がなく、マルティンが今のようにはっきりと指摘してくれなかったら、おそらく見ないままにしておいたかもしれません」（『新版 才能ある子のドラマ』山下公子訳、新曜社、一九九六年）。

「私の内部の障害」が何を指すのかの説明は一切ないが、マルティンが手紙で訴えた父の虐待の放置のことだったのかもしれない。しかしその後、アリスは手紙のなかで、マルティンの訴えを否認し、自分を悪い母親とする彼を激しく批判する。二人はついにアリス八七歳の死にいたるまで和解することはなかった。

●…ホロコーストのトラウマ抑圧

死後、マルティンは、母が決して口にしなかった戦争中のポーランド時代を調べ始める。そして驚くべき事実を知っていった。

ヒトラーのポーランド侵攻後、ユダヤ人のミラー家の多くは強制収容所に送られた。アリスはツテを使って母と姉を救い出したが、父親は救えなかった。その後、アリスはポーランド人のハンサムで背の高い青年ゲシュタポに出会い、彼と恋仲になることで、母と妹と自分が生き延びることを可能にした。

そのホロコーストの時代、青年の気分ひとつで収容所送りになるか否かが決まる日々を送ったのだ。終戦後、スイスに移住した二人は結婚し、彼の手はずで奨学金をもらい、同じ大学に入学した。その青年こそマルティンの父親だった。

ユダヤ人の息子を持ったことに耐えられない父は、誕生後すぐに息子を人に預けるよう妻に命じ、妻は従った。その後離婚するまで、アリスは夫の支配から抜け出せなかった。

アリス・ミラーの抑圧された戦争トラウマを明らかにする息子マルティンの旅は、二〇二〇年にスイスのドキュメンタリー映画〝Who is afraid of Alice Miller〟に描かれた。映画によれば、アリス・ミラーはポーランド時代のことを公私ともに決して口にしたことはなく、そのことに触れようとするジャーナリストがいると声をあげて質問を封じたという。

父の虐待を止めることができなかったのは、彼女が戦争トラウマに向き合わなかったためだとマルティンは結論づける。ポーランド時代の戦争を生き延びるために二〇代の若きアリスはどのような苦渋を体験したのか、詳細は永遠にわからない。ただ、戦争とホロコーストのトラウマは次世代に引き継がれ、マルティンの子ども時代を苦しめたことは明らかなのである。


『魂の殺人』はアリス・ミラーの代表的な著作である三部作のうちの一冊だ。この衝撃的なタイトルは、その後、特に日本では性的虐待の代名詞として使われるようになった。しかし性的虐待のサバイバーのなかには、魂は殺されていないと、違和感を感じている人が少なくない。私はマスコミや行政の方たちに、この「魂の殺人」という言葉は安易に使わないようにしようと提言している。

ふと思った。アリスミラーにとって、戦争ホロコーストのトラウマの抑圧こそが、彼女の魂を殺してしまったのかと。

5 虐待にいたってしまった父親の回復
――MY TREE修了生の言葉から

●…予想と違ったプログラム

Tさんは四五歳の企業の中間管理職。仕事は忙しいがやりがいがある。妻は専業主婦で、子どもは三人。家庭も仕事も充実した順風満帆の人生を歩んでいた。ある日、私立進学校に通う中二の息子が学校で、性的なメールを女子生徒に送ったことが発覚した。大ショックだった。よりによって自分の息子がそんな卑劣《ひれつ》なことをするとは。学校に対しても恥ずかしい。激怒した。厳しい体罰を加えた。

気づいた教師が児童相談所（児相）に虐待通告し、息子は一時保護となった。息子は児相で、「父のいる家には帰らない。ここにいさせてほしい」と要望した。

してはいけないことをした息子をしつけ、父親としての矜持《きょうじ》をきっちりと示したというのに、虐待容疑をかけられ、息子は児相に取られてしまう。なんという理不尽だろう。納得できなかった。しかし加害者である自分が家から出れば、息子は家に返してくれるという。

学校を長期間休ませたくない。勉強が遅れてしまう。不服ながら家を出て実家で暮らし始めた。しかしなぜ自分が家を出なければならないのか。不満や怒りが渦巻いていた。

そのころ児童相談所のケースワーカーからＭＹ ＴＲＥＥプログラムのチラシを渡された。たしかに息子への体罰はやり過ぎだった。アンガーマネジメントのようなことを学べるかなと思い、ＭＹ ＴＲＥＥに通い始めた。

週末の午前中二時間のクラスを一三回。三回休んだら脱落となる。プログラムは予想とはだいぶ違った。瞑想とボディワークを毎回二〇分指導される。さらに家で毎日瞑想することが求められる。丹田腹式呼吸法《たんでんふくしきこきゅうほう》の徹底。木をただ見る止観《しかん》瞑想、木になる瞑想。和の所作を用いた歩く瞑想。天と地を背骨と座骨がつなぐ上虚下実《じょうきょかじつ》の瞑想。そして朝の一分間太陽瞑想。

●…加害者の気持ちを聞いてもらえる場

どの人も大変な状況だった。乳幼児への虐待によって有罪執行猶予中の方。児童福祉法二八条裁判中のため四年も息子と会えていない方。重度のＡＤＨＤの息子の医療的ケアを病気の妻に代わってしていて、仕事との両立で追い詰められて虐待にいたった方。遠く片道七時間をかけて深夜バスで毎週通ってきた人もいた。七人のうち六人が全一三回のセッションと三回の個人セッションに皆勤した。

最初の一時間は、アクティビティを中心とした「学びのワーク」だ。子ども時代の逆境体験を振り返るステップ・イン・サークルのワークはスタッフも涙を流すパワフルな体験だった。

自分のストレス度と変化を可視化する「8つのストレス要因」。怒りの背後にあるほかの感情に気づく「怒りの仮面」。激しい怒りのスイッチが入ることを防ぐ「死の危険」。など、自分の内に大きな気づきをもたらすいくつものツールをもらった。

「体罰の問題性」と「体罰に代わる10のしつけの方法」では、体罰が子どもの自己肯定感を低め、親子の絆《きずな》を壊してしまうことを、脳研究報告や事例から学んだ。体罰はどんな時にもしてはダメだと確信できるようになった。

講師の話すたとえ話や具体例はわかりやすかった。回を重ねるごとに、自分がいかに子どもの人格を尊重していなかったか痛感された。上から目線で説教し、指導する。それが一家の主人として、よき父としての役割だと思っていた。

「怖い親は、子どもが助けを必要とする時に子どもを守れません。子どもは怒られると思ってSOSを出せず、親は子どもの危機に気づけない。守れないんです」。講師の言葉に愕然《がくぜん》とした。理想的な父親を演じてきたと思ってきたが、父親失格だった。

自分が一番偉いと思ってきたのだ。家族に対しても、男性中心の企業社会のなかで期待され、重宝される自分を演じてきたことに気がついた。

～すべき、～しなさいという慣れ親しんだ言い方を、共感的傾聴と肯定的Ｉメッセージ（私は～してほしい、という言い方）に言い換えることも、練習を重ね、次第に自然にできるようになった。

毎回「学びのワーク」のあとは、「自分をトーク」の一時間。約束ごとを決めた上で、参加者が何でも話したいことを話す。体罰がエスカレートしていった過程を、体を震わせながら語る人、児相の対応への憤慨をぶちまける人、妻と子どもが出ていった後のさびしさを語る人、子ども時代、親から殴られていたことを話して涙を流す人。

回を重ねるごとに、次回は何を話そうかと、参加することが楽しみになった。さまざまに錯綜《さくそう》する加害者の気持ちをジャッジされることなく聞いてもらえる場は、ほかのどこにもなかった。

●…自分に正直に語る

「自分に正直」は、ＭＹ ＴＲＥＥの五つの約束ごとのひとつだ。

「人に対してはともかく、自分に正直に語らなければ、内面の変化は起きません。回復は起きません」と講師たちは何度も強調した。

終了してから二カ月。前のように五人家族の暮らしに戻った。瞑想とボディワークは毎日の習慣になった。自分が大きく変わったことで家庭は子どもたちの安心の場になった。学んだことの多くは家庭だけでなく職場でのコーチングスキルとしても役立てている。

真冬の今は葉っぱを落として、内に力をためている桜の木が、三カ月後に満開の花を咲かせる頃、同窓会がある。家族が平等に気持ちや考えを言い合うMY TREEの「ミニ家族えん会議」を開くことを報告しようと思っている。

ここまで、MY TREE参加者の感想を、編集・構成した。*

多様性とエンパワメントを理論的ベースにして開発したこのプログラムには、外国にルーツを持つ人、障害のある人、経済的困難状況に暮らす人、シングルマザー、シングルファザー、いじめ・虐待のサバイバー等々、多様な人びとが参加している。参加者の多様性を徹底して尊重することで、一人ひとり違っていい、比較しないでいい、競争しないでいい、という学びを促進する。虐待言動の背後には比較と競争社会のなかで痛めつけられてきた親たちが、子どもを比較と競争に駆り立てる要素が強くある。

エンパワメントの方法を土台に実践する私たちの虐待にいたってしまった親へのかかわり

は、「救う」という正義感ではなく、「治す」という使命感でもなく、その人の味方として、つながることで、人が変わることのいのちの躍動に立ち合わせてもらう感動にほかならない。

以下は、MY TREEプログラムを二二年前に開発した時に作成したリーフレットのイントロの文章だ。私たちは今も少しも変わらない信念のもとで同じリーフレットを使って実践を続けている。

「子ども虐待とはこれまで人として尊重されなかった痛みや悲しみを怒りの形で子どもに爆発させている行動です。

MY TREEはその感情、身体、理性、魂のすべてに働きかけるプログラムです。

木や太陽や風や雲からも生命力のみなもとをもらうという人間本来のごく自然な感覚を取り戻します。

さらに自分の苦しみに涙してくれる仲間がいるという、人とつながれることの喜びは、本来誰でもが内に持つ健康に生きる力を輝かせるのです」（森田ゆり編著『虐待・親にもケアを―生きる力をとりもどすMY TREEプログラム』築地書館、二〇一八年より）

＊ここまでの文はTさんが複数の異なった場面で語った内容を森田が編集、構成したものです。個人の特定を避けるために、Tさんの個人情報に若干の変更を加えています。

●おわりに

ある大手企業の中間管理職対象の多様性研修でのことだ。私の参加型研修では、最後に参加者が「今、気になる言葉」を挙げて、自由討議をすることがある。

当時の総務大臣政務官が、同性愛カップルは子どもを産まないので「生産性がない」と雑誌に書いたことがマスメディアで話題になっていたこともあって、「生産性という言葉が気になる」との発言があり、それをテーマに意味深い話し合いの時間をもつことができた。

子どもを産むことこそが少子高齢化社会の国益だから、子どもを産まない人は生産性がないという趣旨の内閣要職人の発言。人の価値が、生産性があるか、国益になるかではかられる社会は恐ろしい。

多くの企業では、「生産性」を上げることが優先価値とされている。それは利潤であり、他社との競合であり、株式ランキングである、と。

しかし、そもそも生産性って、なんだろう。

生産性は、目に見えること、数量化されることで表される。生産を上げるために競争が推奨される。競争に敗れたものは、自己責任として見捨てられる。

多様性を本気で推進するには、スピード重視で目的意識的に生産性を追求する従来の価値観の転換が求められる。ピラミッド型の上意下達マネジメントではなく、ハブネットワーク型の協力支援マネジメントへと変革できるかどうか、すなわち人と人とのつながり方の変革こそが、多様性推進の本質なのである。

微生物多様性の画期的な研究は、そのためのインスピレーションを与えてくれる。

森林生態学者スザンヌ・シマードのＴＥＤトークビデオ「森で交わされる木々の会話」(https://youtu.be/Un2yBgIAxYs)を二〇一六年に見たことから、私の森林観は根底からくつがえった。人間の多様性社会のあり方のモデルが、そこにあった。

森とは単に木の集合ではない。シマードは、森林行政や研究者の批判と揶揄《やゆ》に晒《さら》されながらも、屈することなく何百という実験を重ね、「木々は互いに網の目のような相互依存関係のなかに存在し、地下に広がるシステムを通じてつながり合う」ネットワーク生命体であることをつきとめ、三〇年かけてその科学的エビデンスを明らかにした。

森の木々を地下でつないでわかち合いと協力の関係を可能にしているのは微生物の菌根菌ネットワークだ。シマードの論文を二〇一三年に掲載した「ネイチャー」誌は、それを「ウッド・ワイド・ウェブ」と呼んだ。森は地球上のいのちを守る循環システムの母体である。その仕事を担っているのは、地上からは見えない地下世界の微生物のネットワークだ。

日本を含む多くの国の森林政策は、木は競争し合うことで進化してきたという従来の考え方のもとで、換金度の低い木々は邪魔な木として排除するという森林管理法が長年とられてきた。それに対してシマードは、木々は競争よりは協力し合って生きていることを証明する実験を続けた。

人間は産業革命以来、競争によって「生産性」を追求し、地球資源の乱用と搾取をとどまることなく続けてきた。結果、地球の生態系の未来が危ぶまれる今、生産性中心の価値観を見なおす必要にせまられている。比較と競争意識に支配された人のつながり方からどうしたら自由になれるのか。

多様性の推進とは、職場の女性管理職の割合を上げるといった目に見えること以上に、目に見えない人と人のつながり方の模索である。違いを尊重しつつ、同時に互いの共通項を見出すつながり。シマードが三〇年の実験研究であきらかにした森の地下生態の寛容と協力のネットワーク。わかち合いのつながりである。

ラコタ族は、それをなにより大切な生き方として、今日でも祈りの最後に必ず「モトキヤシ（すべてのいのちのつながりとともに）」と声をかけ合う。

南アフリカ共和国のズールー族は、それを「ウブントゥ（I am, become of we are. 私はみながいるから存在する。人と人のつながり）」と声かけする。

日本の思想の原点ともいえる「森羅万象、草木国土悉皆《しっかい》成仏」の縁《えん》＝「生きとし生けるもののつながり」もまた同じ多様性社会実現への叡智《えいち》である。

今度森に行くことがあったら、林立する木々を仰ぎ見る前に、地下の根、さらにその先の菌根菌がつながり合う、膨大な地中のネットワークを想像してください。宇宙の銀河のようなその美しい多様性は、地中の微生物同様、私たち一人ひとりがいのちのつながるネットワークのなくてはならない無二の存在であることを思い出させてくれるのです。その時、きっとあなたは内なる力があふれ出すエンパワメントを全身で感じることでしょう。

本書は月刊『部落解放』で現在も連載中の「ダイバーシティの今」から選びました。長年にわたって月刊誌の連載を担当してくださった編集者の前島照代さんに、今回もこの本の編集出版に御尽力いただき、心から感謝します。

二〇二三年一二月　高槻にて

●森田ゆり
元カリフォルニア大学主任アナリスト（ダイバーシティ・トレーナー）。元立命館大学客員教授。米国と日本で、多様性・性暴力・虐待・DV防止専門職研修とプログラム開発に40年たずさわる。虐待にいたってしまった親の回復プログラム「MY TREE」を開発、22年間日本各地で実践し1501人の回復者を出している。トラウマを負った子どもと大人のためのヒーリングヨーガALOHA KIDS YOGA™を開発。そのリーダーを全国に養成。アメリカン・ヨガ・アライアンス賞を受賞。第57回保健文化賞、産経児童出版文化賞、朝日ノンフィクション大賞など受賞歴多数。『トラウマと共に生きる』（築地書館）、『子どもへの性的虐待』（岩波書店）、『体罰と戦争』（かもがわ出版）など多数の著書がある。

多様性《ダイバーシティ》とエンパワメント　競争から共生へ・つながるいのち

2024年３月15日　第１版　第１刷発行

著者　森田ゆり
発行　株式会社解放出版社
〒552-0001　大阪市港区波除4-1-37 HRCビル3階
TEL 06-6581-8542　FAX 06-6581-8552
東京事務所
〒113-0033　東京都文京区本郷1-28-36 鳳明ビル102A
TEL 03-5213-4771　FAX 03-6580-3102
ホームページ　http://kaihou-s.com

装幀　森本良成
イラスト　猪瀬名月
印刷・製本　太洋社

ISBN978-4-7592-2353-8 C0036 NDC360 143P 19cm
定価はカバーに表示しております。落丁・乱丁はおとりかえします。

テキストデータの提供について
障害などの理由でテキストデータをご希望の方は、下のテキストデータ引換券（コピー不可）を同封し、住所、氏名、メールアドレス、電話番号をご記入のうえ、下記までお申込みください。メールの添付ファイルでテキストデータを送ります。なお、データはテキストのみで、図は含まれません。
●宛先
〒 552-0001　大阪市港区波除 4-1-37 HRC ビル３階　解放出版社
『多様性とエンパワメント』テキストデータ係

テキストデータ引換券
『多様性とエンパワメント』
2353